Pour Le Paint J
Isabelle Hardy.

de Henri Motte.
2849100
Monique Gaillott 467 0829

Collection L'envers du décor

Jean Charest :
l'homme de sept

Henri Motte / Monique Gu

BiO-010

D0417244

Données de catalogage avant publication (Canada)

Motte, Henri, 1943-

Jean Charest, l'homme des défis

(L'envers du décor)

ISBN 2-921468-13-1

1. Charest, Jean, 1958- . 2. Parti progressiste-conservateur du Canada. 3. Canada - Politique et gouvernement - 1993- . 4. Chefs de parti politique - Canada - Biographies. Guillot, Monique. II. Titre. III. Collection: Envers du décor (Éditions Balzac).

FC636.C42M67 1997   971.64'8'092   C97-941309-5
F1034.3.C42M67 1997

Maquette : Laurent Lavaill

© Photo de la couverture Parti Progressiste Conservateur

© Henri Motte, Monique Guillot, 1997

© Balzac - Le Griot éditeur, 1997
C.P. 67, succ. Delorimier
Montréal, Québec, Canada
H2H 2N6

Dépôt légal – 3e trimestre 1997
Bibliothèque nationale du Québec
ISBN 2-921468-13-1

LE CONSEIL DES ARTS | THE CANADA COUNCIL
DU CANADA | FOR THE ARTS
DEPUIS 1957 | SINCE 1957

Cet ouvrage a été subventionné en partie par le Conseil des Arts du Canada et la SODEC.

JEAN CHAREST,
l'homme des défis

PRODUCTIONS J

434, rue Saint-Pierre, Montréal (Québec) H2Y 2M5 - CANADA
T (514) 287-2855 • F (514) 287-6557

Henri Motte   Monique Guillot

JEAN CHAREST,
l'homme des défis

Balzac - Le Griot éditeur
Collection L'envers du décor

«Dis-nous, Jean, exactement ce que tu veux faire,
soit un peu plus précis. »

L'Honorable Michael Meighen

Remerciements

Nos remerciements vont à tous ceux qui d'une manière ou d'une autre, ont contribué à la préparation de ce document, et en particulier à ceux qui nous ont consacré des minutes précieuses de leur temps afin que nous puissions mieux cerner l'homme privé et l'homme public.

Ces invités ont été, par ordre alphabétique : Jean-Bernard Bélisle, Yanik Deschênes, Gabriel Desjardins, Sylvain Falardeau, Jean-Guy Hudon, Jacques Léger, l'Honorable juge Yvan Macerola, Leslie McKenzie, George McLaren, Barry Mc-Loughlin, l'Honorable Michael Meighen, Pierre Miquelon, Philippe Morel, Percy Mockler, le Très honorable Brian Mulroney, l'Honorable Pierre-Claude Nolin, Jean-Guy Ouellette, Gilles Paquet, Adrien Péloquin, Anie Perreault, François Pilote, Suzanne Poulin, Jean Riou, Guy Saint-Julien et l'Honorable Bernard Valcourt et au groupe de témoins qui en regard de leurs fonctions actuelles, nous ont priés de respecter leur anonymat. Que leurs commentaires soient nominatifs ou anonymes, à leur demande, nous souhaitons que chacun se retrouve dans les propos tenus au fil de ces pages. Nous avons aussi apprécié l'aide de M. Christian Bourque du groupe Angus Reid, de CROP-Environnics et Léger et Léger pour nous avoir fourni des données statistiques importantes à l'analyse de la campagne de 1997. Nos remerciements pour nous avoir donné accès à certains documents et photos à Maurice Cloutier, de *La Tribune* de Sherbrooke.

Nos remerciements vont également à René Guillot et sa famille qui nous ont accueillis pendant notre séjour en Estrie et à Madame Judith Paré pour son soutien constant.

Comment ne pas remercier Madame Michèle Dionne et Jean Charest pour le temps précieux qu'ils ont bien voulu nous accorder !

Avant-propos

L'idée du présent ouvrage est née au printemps 1997, à quelques semaines des élections fédérales, où de nombreuses interrogations concernant Jean Charest nous sont venues à l'esprit. Pourquoi un « jeune » politicien d'origine québécoise, à qui tout paraît promis, s'évertue-t-il, depuis plusieurs années à remettre en selle un parti politique fédéral que tout semblait condamner depuis l'humiliante défaite du 25 octobre 1993 ? Pourquoi ce dernier se bat-il pour un thème qui semble si peu populaire au Québec : l'unité nationale canadienne ? Qu'est-ce qui pousse cet homme à vouloir à tout prix nager à contre-courant, tant dans son propre parti que dans sa province ? Cet ensemble de questions méritait une réponse. C'est pourquoi nous avons confié à Henri Motte, journaliste proche du courant conservateur, la tâche de mieux nous faire connaître Jean Charest, l'homme et le politicien. À travers cet ouvrage, l'auteur n'a pas voulu faire œuvre de biographe, loin de là — Jean Charest est encore un trop jeune politicien pour lui consacrer une biographie —, ni faire un essai de politicologue. Il serait, en effet, prématuré de juger un politicien qui n'a pas encore eu les rennes du pouvoir à Ottawa et qui ne dirige un parti — encore en pleine convalescence —, que depuis peu. Henri

Motte a plutôt préféré tracer un portrait de Jean Charest, de son parcours en politique et de sa vision du Canada. Il a tenu à privilégier les propos recueillis lors des interviews des femmes et des hommes qui l'entourent. C'est pourquoi très souvent il leur laisse la parole. Certes comme tout portrait, il comporte sa part de subjectivité et d'imperfection.

Il permettra, nous l'espérons, de mieux comprendre l'homme que les médias à travers les sondages considèrent comme le politicien le plus populaire du Québec, et en qui de nombreux politicologues voient un futur chef d'État.

L'éditeur

Introduction

Jean Charest — comme pour bien des journalistes — j'ai appris à le découvrir au fil des événements qui ont jalonné sa carrière politique. Que ce soit lors de sa nomination au poste de ministre d'État à la Jeunesse en 1986, de sa démission forcée en 1990, du rapport Charest quelques mois plus tard, ou de son retour au sein du cabinet Mulroney en 1991. Mon premier contact avec Jean Charest eut lieu le 29 avril 1993. La course à la succession de Brian Mulroney battait son plein. Les deux adversaires principaux étaient : Jean Charest et Kim Campbell. J'étais alors directeur de l'information du quotidien *L'Acadie Nouvelle*, je me souviens encore du soir où je reçus un appel téléphonique tout simple : «Bonsoir, ici Jean Charest, je vous parle de mon téléphone cellulaire, notre conversation n'est pas privée [...]». Je le rencontrai peu après pour la première fois, le 18 mai 1993, à l'occasion du dernier débat entre les candidats à la chefferie qui se déroula à Halifax. Jean Gauvin, ancien ministre de Richard Hatfield me le présenta ; ce premier contact fut franc et chaleureux et il l'est resté depuis. Quelques semaines plus tard, je le retrouvai devant le bureau de la candidate conservatrice Luce-Andrée Gauthier à Shippagan. À cette occasion j'ai été étonné par sa capacité de mémorisation, par sa faculté à reconnaître quelqu'un dans une foule. En effet, de loin, Jean Charest avait mentionné à Jean Gauvin qu'il venait de m'apercevoir alors que personne ne lui avait indiqué ma présence. Ma troisième rencontre avec Jean Charest se produisit à Toronto, en mars 1997, lors du lancement de son programme électoral. Si l'homme m'apparut toujours avec autant de chaleur, il avait beaucoup changé physiquement : il s'était aminci. Les années de désert politique que le chef de parti venait de traverser semblait l'avoir marqué, modelé. Pourtant, ce jour-là, je suis frappé par la constance de son discours. En effet, depuis son entrée en politique, il n'a cessé d'accorder une place prépondérante aux questions touchant la famille et la jeunesse. Il semble toujours à l'aise et dans son élément quand vient le temps de parler de l'avenir de *son* pays, et d'enfourcher son cheval de bataille, l'unité canadienne.

En marketing, on qualifie de « missionnaire » un vendeur qui a une grande facilité à faire passer des messages alors que plus personne n'est en mesure de convaincre le client. En ce sens, on peut dire de Jean Charest qu'il fait partie de cette catégorie. Entre 1993 et 1997, à la tête d'un parti sans programme et sans finances, il a su rallier à la cause conservatrice bon nombres d'ex-sympathisants et militants qui avaient déserté le parti au lendemain de la défaite de Kim Campbell. Pour lui, l'objectif principal était de vendre l'idée d'un parti à l'allure jeune et dynamique, et il se devait de réussir à lui impulser une nouvelle image.

Aussi le 2 juin 1997, alors que les Canadiens se rendent aux urnes, le défi du chef conservateur est de taille. Plus d'un observateur de la scène politique canadienne se penchent sur le sort que les électeurs réserveront au Parti progressiste conservateur et à son chef. Les résultats sonneront-ils le glas ou accorderont-ils une période de grâce à ce parti qui fit, en son temps, les grandes heures de l'histoire du Canada ?

L'entrée en politique, la vie de ministre, la première tentative de course au *leadership*, la reconstruction du Parti progressiste conservateur, et l'élection du 2 juin 1997, auront été une succession de défis pour Jean Charest. A-t-il su les relever? Est-il l'espoir politique tant recherché par les Canadiens à la veille de l'an 2000? Ce sont les questions auxquelles nous avons tenté de répondre. C'est dans cet optique, que nous avons cherché à connaître l'homme, ses aspirations, ses passions et bien sûr à le communiquer puisque tel est le rôle du journaliste.

Homme très médiatisé, Jean Charest apparaît au premier abord d'un accès facile; pourtant au fil de notre enquête se dessinera une toute autre image. S'il est pour beaucoup de Canadiens un homme à la stature amicale et familière à qui, il semble possible de s'identifier, il demeure cependant, une réelle énigme politique. Il est curieux de constater qu'à ce jour, personne ne se soit penché sur le «mystère Charest». Nous découvrirons, peu à peu, que si Jean est l'ami de tous, il est aussi quelqu'un de très secret et que peu nombreux sont ceux qui franchissent son intimité familiale.

Si je me sentais à l'aise pour traiter des aspects politiques de la carrière de Jean Charest, j'ai considéré nécessaire d'inviter une collègue journaliste afin de décrire l'homme, le père de famille, le citoyen, le Canadien qu'est aussi Jean Charest. C'est ainsi que Monique Guillot, rencontrée quelque temps auparavant à Toronto, a accepté de se joindre à moi pour réaliser le projet. Mes remerciements à Monique pour avoir accepté de m'apporter cette importante contribution.

Enfin, comme ce document se veut le reflet de propos exprimés au sujet de Jean Charest, nous osons espérer que la transcription des idées recueillies aura été faite de façon aussi fidèle que possible. Conçus par deux journalistes, fiers de leur indépendance de jugement, nous ne prétendons, en aucun cas, présenter ici une biographie exhaustive et officielle.

Notre défi a été de produire ce long reportage en moins de cent jours!...

Henri Motte
Eastman, Québec
le 13 octobre 1997

Chapitre 1

Un homme ambitieux et discret

Jean Charest est un être énigmatique et secret. Ce sentiment, nous l'avions déjà avant de débuter ce portrait consacré au jeune chef conservateur. À la fin de notre enquête, cette impression première n'a fait que se confirmer.

L'homme politique est discret, c'est certain. Le personnage privé entend le rester. Nous en avons fait la constatation lors de nos rencontres. Il se livre peu, jaloux de protéger sa vie personnelle, sa famille, son intimité. Sur cet aspect-là, il détonne dans le monde politique canadien, où nombreux sont ceux qui ouvrent toutes grandes les portes de leur vie privée afin de se faire du capital politique.

Jean Charest semble méfiant vis-à-vis des journalistes, qu'il s'agisse de l'homme public ou de l'homme privé. Il nous a donc fallu faire preuve d'imagination et d'insistance pour l'amener à se confier, quelque peu, et à se dévoiler.

Qui est cet homme qui lors des dernières élections fédérales s'est révélé tant aux yeux des Québécois et des Canadiens, comme l'homme de la relève, pour son parti, mais aussi pour le pays tout entier?

Le portrait que nous vous présentons est de fait subjectif, mais cherche à être aussi fidèle que possible face à quelqu'un qui a ses jardins secrets.

Une enfance en Estrie

Jean Charest est né à Sherbrooke, en 1958, un 24 juin. Journée prédestinée! Enfant, il a les cheveux bouclés du petit Saint Jean-Baptiste, symbole de la fête nationale des Québécois! C'est ainsi que tout jeune, son père l'emmenait voir le défilé de la Saint-Jean tout en lui faisant croire qu'il avait été organisé à son intention, pour son anniversaire!

«Alors, ce n'est peut-être pas étonnant que je sois en politique; quand on vous organise des parades!», s'exclame t-il.

Jean, John, James, des prénoms qui ont fait à plusieurs reprises — entre 1993 et 1997 — couler beaucoup d'encre. Cet imbroglio, sur l'usage de son prénom, n'aurait en soi que peu d'importance et serait anecdotique s'il n'avait été relevé régulièrement par ses adversaires politiques et par les médias. Jean Charest se sent très à l'aise pour répliquer à ce genre d'attaques, expliquant avec beaucoup de sérénité et d'humour le pourquoi de ce malentendu. Sa mère, irlandaise de souche désirait le prénommer James, mais né un 24 juin, la famille Charest opta, comme premier prénom, pour Jean. C'est toutefois un prêtre d'origine anglophone, de la paroisse irlandaise St-Patrice de Sherbrooke, *Father* Moisant qui le baptisera. Lorsque ce dernier s'enquiert, auprès des parents, du prénom à donner à l'enfant, on lui indiquera Jean. Mais *Father* Moisant inscrira John sur le baptistaire avec comme deuxième prénom, celui choisi par sa mère : James. Toutefois, personne ne relèvera cette anomalie. À la maison, sa mère l'appelait familièrement John-John, mais quand il entra à l'école il devint définitivement Jean. C'est lors de la remise de son diplôme universitaire — puis plus tard au Barreau — qu'il découvrira que son prénom officiel n'est pas Jean mais bien John. Entre la demande qu'il présenta au nom de Jean Charest, et son baptistaire, le document officiel, qui portait le prénom de John, ce fut le document légal qui aux yeux des autorités l'emporta. Ne désirant pas entreprendre des démarches pour changer légalement son prénom, il commença à pratiquer sous le nom de John James Charest, n'ayant pas le choix. C'est ainsi que tous les diplômes de Jean Charest, de même que sa première carte d'affaires à titre d'avocat, portent le nom de John James Charest. Si pour des raisons légales, il a commencé à travailler sous John James, dans son entourage on continue à l'appeler Jean. Avec le temps son prénom usuel est devenu son prénom courant, car il s'est toujours senti plus à l'aise avec ce prénom français. « L'ironie de tout cela, nous dira-t-il, c'est que je suis quand même né un 24 juin ! »

Ce premier incident d'ordre linguistique a marqué Jean Charest, sans aucun doute.

L'Estrie, cette région du Québec, où communautés francophone et anglophone paraissent vivre en bonne harmonie va modeler l'homme, forger son caractère et l'attacher foncièrement à ce terroir. Le futur chef conservateur y grandira au sein d'une famille unie où le bilinguisme est chose naturelle. La cohabitation que l'on connaît en Estrie, entre les deux groupes culturels donne, très tôt, au jeune Charest une image d'un Canada où anglophones et francophones y trouveraient leur place sans difficulté.

Pour Jean Charest, le contact entre ces deux cultures est vivifiante, et la raison d'être du Canada voire même son « joyau ». Cette particularité de l'Estrie, où l'atmosphère de complète dualité culturelle semble être un des principes de base, et où les rapports entre les deux communautés linguistiques paraissent se passer sans frictions, explique certainement l'aisance avec laquelle Jean Charest se meut dans les deux cultures. À aucun moment on ne retrouve, dans cette région, les situations conflictuelles comme celles qui ont pu se développer dans la région montréalaise, au cours des années soixante-dix. Situations que le développement du multiculturalisme, prôné par Trudeau, semble avoir exacerbé. En Estrie, chaque communauté à son territoire, et aucune n'empiète sur celui de l'autre ; on se respecte mutuellement.

Une famille bilingue

Issu d'un mariage mixte, d'une mère d'origine irlandaise et d'un père canadien-français, Jean Charest considère que ce fut une chance d'être élevé dans les deux langues. De sa mère, il se souvient qu'elle était parfaitement bilingue et parlait français sans accent. De son père, il dit qu'il s'exprime en anglais, avec un fort accent. Très tôt, il comprend que des *loaffers* et des bas blancs signifient la même chose! Il dépeint, d'ailleurs, avec beaucoup de facilité et de chaleur ce cadre de vie où les enfants parlaient français avec leur père et anglais avec leur mère dont s'était la langue d'affection et de prédilection. Le quartier du Vieux Nord à Sherbrooke où vivait la famille Charest — et où son père demeure toujours —, comptait plusieurs foyers dans cette situation de biculturalisme. Cette dualité culturelle entraînait parfois des dérapages linguistiques et les enfants du quartier s'exprimaient quelquefois en franglais : ce qui se traduisait souvent par du *shut la porte*. Cependant M. et Mme Charest n'étaient pas très pointilleux sur la langue, mais agacés par ce phénomène, ils décidèrent avec quelques voisins d'être plus vigilants. Ainsi, lorsque l'un ou l'autre des enfants utilisait une langue, aucun mélange avec l'autre langue usuelle ne leur était permis.

Ce cadre familial et environnemental explique, en grande partie, le bilinguisme presque parfait de Jean Charest, ce qui lui permet aujourd'hui de s'exprimer avec une grande aisance dans les deux langues.

C'est dans cette atmosphère culturelle particulière que Jean Charest a grandi. Troisième d'une famille de cinq enfants, il est plutôt turbulent au point où sa mère, rapporte-t-il, avait bien hâte de le voir commencer l'école. Sa formation scolaire se déroulera entièrement en français. C'est au Collège des sœurs Jésus-Marie, collège francophone proche de la résidence familiale, que débutera, dès l'âge de cinq ans, sa scolarité. Cette transition entre le milieu familial et le milieu scolaire sera toutefois difficile car, à cet époque, il ne maîtrisait pas très bien le français. Il poursuivra ses études secondaires à l'école Montcalm, où il prendra très rapidement goût à la chose politique. Sans jamais avoir étudié formellement dans la langue de sa mère, il améliorera sa maîtrise de l'anglais, au fil des ans, par ses lectures et sa capacité d'écoute. Il y sera aidé en cela par une mémoire phénoménale.

Les deux garçons, Robert et Jean ont choisi de vivre au Québec et d'élever leur famille en français en adoptant un mode de vie francophone. En cela, ils sont plus proches de leur père. Robert, après avoir été actif dans le domaine politique à Ottawa, est maintenant en affaires à Montréal. Les deux frères ont également les mêmes goûts.

Situation fort différente pour ses trois sœurs qui habitent l'Ontario, sont mariées à des anglophones et élèvent leur famille en anglais. Elles se sont davantage identifiées à leur mère.

Louise, la sœur aînée habite Ottawa. Elle est propriétaire d'une école de langue. «Ses affaires marchent mieux depuis que je ne suis plus au gouvernement, car elle obtient plus facilement des contrats gouvernementaux», de préciser Jean Charest. Carole, la quatrième, la plus proche de Mme Charest mère, est infirmière dans la région de Toronto et habite Barry. Christine, elle est travailleuse sociale pour le gouvernement de l'Ontario dans la région d'Oshawa et s'occupe des questions relatives aux divorces.

Ce phénomène de choix et d'identification à l'une ou l'autre des communautés semble être courant dans l'évolution des familles où l'éducation a été fortement influencée par deux cultures. Chaque individu doit, à un moment ou à un autre de sa vie faire un choix et s'identifier plus particulièrement à l'une ou l'autre des cultures et par le fait même à l'un ou l'autre des parents.

Jean Charest lui-même, démontre une grande souplesse au sein de sa propre famille, en laissant ses enfants libres de choisir l'une ou l'autre des langues : «Antoine, mon garçon, qui est l'enfant du milieu, parle couramment anglais, il est très très bon et n'a presque pas d'accent; Amélie l'aînée, elle, a un accent. Quant à Alexandra, la benjamine, elle refuse de parler anglais».

Comme beaucoup d'hommes politiques québécois de la jeune génération, Jean Charest est issu d'un milieu où la politique et les affaires font partie du bagage familial.

La politique, qui deviendra pour le jeune Charest un des principaux moteurs de sa vie, n'est pas absente de son milieu. Chez les parents Charest, on parlait beaucoup politique. S'il se souvient de l'implication de sa mère au niveau local et municipal, c'est du côté paternel que ses racines politiques sont plus profondes et vont l'influencer. Son père, son grand-père et son arrière-grand-père ont été, à diverses époques, plus ou moins actifs politiquement dans leur milieu respectif. Tous trois étaient conservateurs. Ce qui a très certainement contribué à marquer au fer «bleu» Jean Charest!

> «[...] mon arrière-grand-père, Joe, était conservateur. Mon grand-père Ludovic a été un militant très actif de l'Union nationale. Il a été organisateur pour Duplessis, lors du congrès qui eut lieu à l'hôtel Magog de Sherbrooke, avant-

guerre, quand celui-ci a été choisi comme chef du Parti conservateur du Québec. »

Avec la politique, les affaires sont une tradition familiale et paternelle. Son arrière-grand-père Joe possédait, à Sherbrooke, des écuries à l'emplacement même où se trouve aujourd'hui l'Auberge des Gouverneurs. Son grand-père Ludovic qui était entrepreneur en travaux publics, réalisa de nombreux projets dans le nord du Québec et de l'Ontario. Il mourut relativement jeune à 64 ans. Son père, Claude « Red » avant de se lancer dans le domaine des affaires, avait été joueur de hockey professionnel dans la Ligue nord américaine. Dans un premier temps il acheta, à Eastman, un hôtel qui eut une excellente réputation. Situé sur le chemin de Montréal, c'était un lieu très connu et prisé. Puis, il dirigea ses affaires, essentiellement, dans le domaine de l'immobilier, où il excella. Homme d'affaires aguerri, il était sévère et très discipliné. Il considérait qu'il fallait, bon gré mal gré, maintenir un certain *standing* de vie. C'est cette conception de la vie qu'il inculqua à ses enfants, les encourageant, très jeune, à être autonomes. En plus d'être courtier en immobilier, Claude « Red » possédait des buanderies. C'est ainsi que pour initier ses deux fils, alors âgés de 8 et 9 ans, il leur proposa de « partir en affaires ». Le projet paternel consistait à acheter des machines à *peanuts*, qui devaient être placées dans ses différentes buanderies et dont les garçons devaient assurer l'entretien et la gestion. Pour mener à bien l'affaire, il leur signala qu'il faudrait faire un emprunt à la banque. Le gérant, un ami de leur père, joua le jeu et fit signer des formulaires aux deux jeunes Charest qui croyaient, ainsi, avoir emprunté cet argent eux-mêmes ! Après l'acquisition des machines, Robert et Jean entreprirent de faire la tournée des buanderies avec leur père. Ils devaient les entretenir, les remplir de *peanuts* et ramasser les pièces de cinq cents. Jean se souvient encore des pièces enduites de sel et de graisse qu'il fallait mettre en rouleau et porter à la banque. Quant les deux jeunes Charest allaient faire leurs dépôts à la caisse, ils n'arrivaient même pas à la hauteur du comptoir ! En sus de leur affaire de *peanuts*, il imposait aux garçons d'effectuer certains travaux domestiques quotidiens : entretien du feu de foyer, pelletage des entrées etc... Le régime était assez strict et Claude «Red» Charest payait chaque garçon trois dollars par semaine. Jean Charest raconte qu'un jour il avait calculé que la caisse de *peanuts* coûtait à l'achat 5,89$ et qu'il leur avait offert un nouveau *deal* :

> «Je vais faire une affaire avec vous, je ne vais plus vous payer votre trois dollars par semaine. Mais votre salaire sera la caisse de *peanuts*. Nous avons accepté le marché. Mais, dans les mois qui suivirent, le prix des *peanuts* doubla ! Et notre père voulu revenir sur sa parole. Mais Robert et moi, nous lui avons répondu : non non non ! Coup de chance, notre persévérance a été notre premier grand coup en affaires. Il s'était fait avoir et il nous en a voulu pendant des années. »

Sur sa relation avec son père, il aime à évoquer ce rapport qui les unit : son engagement en politique qu'il a souhaité, son succès qui le réjouit. Ce dernier l'a soutenu dans toutes ses campagnes et notamment lors de la course à l'assemblée de mise en nomination de 1984. Financièrement, il lui a toujours donné un coup de main quand les circonstances l'exigeaient. Moralement, il lui a toujours apporté l'appui indispensable et encore aujourd'hui, à l'occasion, lui sert de confident et de critique :

> «Il y a un épisode que je n'oublierai jamais — raconte-t-il — qui s'est déroulé il y a environ un an et demi ou deux. Ce jour-là, j'étais découragé, ce qui est rare chez moi, je ne sais plus ce qui s'était passé. Il n'y a pas beaucoup de gens

à qui je puisse vraiment me confier. Il n'y a pas beaucoup de chef de parti qui peuvent dire de temps en temps "ça va mal". Ce soir-là, je me suis assis avec mon père et j'ai commencé à lui raconter mes problèmes. Il m'a regardé et il m'a simplement dit "Ouais, mais en tous cas, j't'ai pas élevé de même" »

Le milieu familial, et plus directement l'influence paternelle, ont donné aux jeunes Charest une certaine conception de la vie, formant leur caractère, leur inculquant un solide sens du devoir et de la famille.

De cet homme qu'il adore, et à qui il rend volontiers hommage — rappelant le sacrifice de ses parents et de ses grands-parents —, il ne cache pas qu'il le considère comme un homme dur, quelquefois très dur, mais toujours attentif et de bon conseil, avec qui il a fini par bâtir une très bonne relation.

Parmi les principes qui régissent sa vie, il y a ce leitmotiv que Claude «Red» Charest, depuis son plus jeune âge, lui a continuellement rabâché : «Il y a trois choses dans la vie : travail, travail, travail.» Il se rappelle encore, parlant de son père, d'une caricature qui ornait son bureau, et qu'il donnait en exemple à son frère Robert ainsi qu'à lui-même. Il s'agissait, raconte-t-il :

«d'un jeune homme qui, dans une première séquence, court tenant un filet à papillons à bout de bras, et dans lequel il y a un papillon. Le garçon tombe dans l'eau et le papillon s'envole. À la séquence suivante, le gamin sort du ruisseau avec un poisson dans son épuisette. Cette caricature illustrait à merveille sa notion du travail : en travaillant fort on a pas forcément ce que l'on veut, mais on obtient toujours un résultat. "Alors si tu travailles fort, tu vas réussir" »

Il aime aussi à se rappeler cette autre anecdote qui se déroula lorsqu'il a obtenu son diplôme universitaire.

Comme tous les jeunes gens, il était allé fêter son succès avec des amis et était rentré fort tard dans la nuit :

« J'avais laissé traîner mon diplôme sur la table de cuisine. Mon père s'est levé tôt. Quand il l'a vu, il est monté dans ma chambre. Il a frappé à la porte. Je dormais, j'étais encore dans les *vaps*. Il tenait mon diplôme à la main et m'a dit — lui qui n'a jamais fini son école secondaire — "tsé ton grand-père savait presque pas lire". Il était fier ! [...] il est bon de se rappeler, de temps en temps, à quel point on a fait du chemin. Et au Québec on a fait des bonds de géant dans une très courte période ; on y est arrivé grâce aux sacrifices extraordinaires de nos parents. Mon père c'était un homme de famille tranquille, il a travaillé très fort toute sa vie, ma mère aussi a fait des sacrifices. Ils ont eu cinq enfants et l'un après l'autre on leur a mené la vie très dure. Elle est partie au moment où elle aurait pu reprendre son souffle, c'est injuste. »

S'il évoque le souvenir de sa mère, Rita, Jean Charest est peu loquace sur sa famille maternelle qui pourtant était bien connue dans les Cantons de l'Est : les Leonard. Elle meurt d'un cancer alors qu'il vient d'atteindre 18 ans. Durant sa longue maladie et son hospitalisation, il a passé toutes les nuits à son chevet, faisant ses travaux scolaires auprès d'elle. Souvent le personnel infirmier lui conseillait de rentrer chez lui, puisqu'il ne pouvait rien faire de plus. Mais il restait, malgré tout. Ce décès, d'une mère encore jeune, affectera profondément Jean Charest, qui, encore aujourd'hui, en parle avec beaucoup d'émotion.

Jean Charest se dit, tout comme sa mère, profondément croyant bien que non-pratiquant. Elle était très religieuse comme le sont souvent les Irlandais catholiques, elle avait une dévotion particulière pour Sainte-Anne, mais n'allait pas en pèlerinage à Sainte-Anne de Beaupré — précise-t-il. La religion a fait partie de son environnement immédiat tout au long de son enfance et de son adolescence. Il croit en Dieu et à certaines valeurs qui tournent autour de l'Église. Ces choix religieux l'inciteront toutefois à s'engager dans le débat sur la « confessionnalité » alors qu'il était étudiant à l'Université de Sherbrooke.

Les questions concernant les libertés publiques le passionneront également au plus haut point. Ainsi s'intéresse-t-il — peut-être à cause de l'influence américaine — *au Bill of Rights* américain, à la charte canadienne des droits et libertés, ainsi qu'à toute la question de la juxtaposition de ces droits dans une société confessionnelle régie par la séparation entre l'Église et l'État. Cette question sera pour lui primordiale, à tel point, qu'il ne fera baptiser ses enfants que plusieurs années plus tard. Si Jean Charest ne cache pas son sentiment religieux, il n'a pas voulu l'imposer à ses enfants. Résistant aux pressions familiales, il a toujours refusé de les faire baptiser, souhaitant, toutefois, qu'ils deviennent catholiques. Il préférait qu'ils puissent faire leur propre cheminement, et être libre de choisir leur démarche et engagement. Cédant à la pression de son épouse, les trois enfants ont été baptisés en même temps, il y a quelques années.

Un couple presque parfait

Michèle Dionne, sa femme et la mère de ses enfants, occupe dans la vie de Jean Charest une place capitale. Elle semble régner avec douceur et autorité sur la vie familiale. Jean Charest aime rappeler, par une anecdote, le pouvoir qu'elle exerce dans la vie de famille ; lorsqu'à la naissance de son fils, Michèle lui a présenté « son bel Antoine » alors qu'il avait souhaité l'appeler Ludovic. Michèle Dionne ne cache pas, qu'à ses yeux, la famille a priorité sur la vie politique. Elle sait — quand cela est nécessaire — imposer des limites empêchant l'empiétement de la vie publique sur la vie familiale. Le couple a su tisser, au fil des années, un lien étroit fait de complicité et de solidarité entre leur vie de conjugale et leur vie politique.

Jean Charest et Michèle Dionne se connaissent depuis l'adolescence. Ils avaient respectivement quinze et seize ans quand ils se rencontrèrent à l'école secondaire. Lorsqu'ils se marièrent, sept ans plus tard, le 20 juin 1980, il restait à Michèle une année d'université, en orthopédagogie, et à Jean une année pour compléter son Barreau.

Venant d'une famille peu sensible à la politique, Michèle Dionne s'est progressivement intéressée, puis s'est laissée séduire pour finalement s'impliquer dans ce milieu où l'a entraîné son mari. Il lui était difficile d'y échapper quand déjà à quinze ans, Jean Charest ne lui parlait que de politique !

C'est après la naissance d'Amélie — le couple était marié depuis trois ans —, que Jean Charest cède à la passion de la politique et décide de s'y engager. Michèle accepte d'une certaine manière de le suivre dans cette aventure, ne pensant à aucun moment que cet engagement prendrait de telles proportions.

En 1983, Jean Charest, déjà proche du courant de Joe Clark, décide de s'impliquer activement dans l'organisation du congrès au *leadership* qui va se tenir à Ottawa. Il invite sa jeune épouse et toute nouvelle mère à l'accompagner. Croyant partir pour une semaine de repos, elle finira par s'engager dans l'équipe des bénévoles de Joe Clark. Séduite par l'ambiance du congrès, l'enthousiasme des militants, elle va s'intégrer rapidement au milieu conservateur. C'est ainsi qu'elle y milite activement depuis cette date. Lorsque Jean Charest, quelques mois plus tard, décidera de briguer le poste de député de Sherbrooke, c'est tout naturellement qu'elle l'y encouragera et l'épaulera en se joignant à son équipe. Tout s'est donc enchaîné tranquillement pour Michèle, qui progressivement s'est adaptée à ce milieu, a appris à l'aimer, pour finalement s'y adonner entièrement — puisqu'elle a abandonné sa profession pour œuvrer activement au sein du Parti progressiste conservateur. Selon Michèle Dionne, le milieu politique, n'est pas un milieu difficile, bien au contraire. Mais elle relève que pour y survivre « il faut que — dans le couple — les deux aiment cela autant l'un que l'autre et qu'ils soient impliqués [...] c'est un milieu très particulier. Toute votre vie tourne autour et en fonction de lui, alors si le couple est à l'aise et prêt à faire des sacrifices, il n'y a pas de problèmes ».

Être en politique a obligé, bien souvent, Jean Charest et son épouse à faire de nombreux sacrifices, faire des choix, et se donner des priorités qu'ils ont — comme ils nous l'ont précisé à plusieurs reprises —, essentiellement axées sur la famille.

Durant la session parlementaire, les Charest vivent à Hull. Si les obligations professionnelles obligent le couple à vivre dans l'Outaouais où ils ont fait l'acquisition d'une maison, ils vont passer très souvent les fins de semaine dans leur résidence à North Hatley. Ce départ obligé pour Ottawa, a fait en son temps la une de certains journaux, qui y avait relevé un désir de quitter la région. Mais rappelle Michèle Dionne : « l'Estrie c'est chez nous, c'est la famille, ce sont nos racines, c'est notre région. Alors on y reviendra toujours ». Suzanne Poulin, l'adjointe de comté de Jean Charest à Sherbrooke, confirme l'attachement du chef conservateur pour sa région et pour son comté :

> « [...] quand il arrive, il nous dit son plaisir d'être de retour "cela me fait tellement de bien" et il se sent bien, c'est sa région, son monde [...] C'est toujours lui qui fait son épicerie, les courses. Ses enfants ne veulent pas le suivre parce que cela lui prend un temps énorme, tout le monde l'arrête [...] Après le *leadership* de 1993 — alors qu'il venait d'être battu —, il a donné une conférence de presse et d'une voix

cassée, il a dit : "Je vais retourner en Estrie, voir ceux que j'aime et ceux qui m'aiment". »

À Ottawa, les enfants fréquentent le lycée Paul Claudel. Amélie, l'aînée, a de grandes facilités à communiquer. Sur les traces de son père, elle s'intéresse beaucoup à la politique et depuis l'âge de 14 ans, lit les journaux, écoute les nouvelles. Très sensible aux critiques, elle aime ça et elle y excelle. Durant la campagne de 1997, elle s'est un peu impliquée aux côtés de ses parents les accompagnant quelquefois dans leurs tournées. Calme et très posée, elle va vers les gens toujours avec un beau sourire. Elle parle quand il le faut « et ce n'est pas nous qui lui avons montré ces choses-là ! », précise sa mère. Antoine, leur fils, ressemble physiquement à son père, tandis qu'Alexandra, la benjamine est plutôt timide.

Jean Charest et Michèle Dionne ont toujours voulu tenir leurs enfants à l'écart de la vie politique, à l'exception de la dernière campagne électorale où ils leur ont demandé la permission de les accompagner :

> « S'ils n'avaient pas fait la demande, je ne les aurais pas invités comme tel, — précise Michèle Dionne — mais je les comprends un peu de vouloir voir ce que l'on fait, connaître les gens qui nous entourent, comprendre comment ça fonctionne. Ça les fascine ! Ils voulaient un peu faire partie de l'équipe, sentir qu'eux aussi étaient avec nous. J'étais contente qu'ils nous l'aient demandé, heureuse de les avoir avec nous un petit peu. »

La période des campagnes électorales, et celle de 1997 n'a pas fait exception, n'est pas une période facile pour les Charest, surtout pour les enfants. Michèle Dionne trouve difficile d'en être séparés, même si ces derniers y sont malgré tout habitués, ayant toujours baigné dans l'univers de la politique.

« Je les trouve bien raisonnables. Car, quand on part pour plusieurs semaines, ils doivent rester à la maison. On les appelle tous les jours, on garde un contact quotidien [...] c'est très important pour nous et il faut qu'ils le sentent aussi que c'est important. »

Pour compenser leurs longues périodes d'absence et veiller à l'équilibre psychologique des enfants, le couple Charest leur consacre une grande partie de l'été et essaie de passer le plus de temps possible avec eux. Ils ne manquent aucun de leurs anniversaires, ni aucun moment important de leurs vies. Ces journées-là sont sacrées, ils ne prennent pas d'engagement public. Durant la dernière campagne électorale « nous avons préféré, Jean et moi, nous arrêter pour célébrer la première communion de notre fils et fêter cette journée avec la famille toute entière », précise Michèle Dionne.

La vie familiale occupe une grande place dans la vie de Jean Charest et Michèle Dionne. En fait, la famille est sûrement la chose la plus importante pour eux. Ils partagent tous les deux la même conception des responsabilités familiales. « On a des responsabilités de parents qui ne doivent pas s'arrêter parce que l'on est en politique », précisent-ils.

Une vie, tout entière engagée autour de la politique et de la famille n'a pas toujours permis au couple Charest-Dionne de développer de nombreuses amitiés. Le cercle de leur relation est très restreint et a évolué au fil des époques.

Outre ses trois plus proches collaborateurs comme Suzanne Poulin, son adjointe de comté, Jean-Bernard Bélisle, son conseiller organisationnel et Juddy White, George McLaren demeure un ami inconditionnel en qui il a une grande confiance. Cette amitié née au tout début de la carrière politique de Jean Charest, s'est développée malgré la différence d'âge. Les deux hommes se rencontrent régulièrement avec leurs épouses pour dialoguer autour d'un repas.

Ils aiment discuter ensemble de leur passion commune : la politique et le Parti progressiste conservateur.

Depuis leur installation à Ottawa, leur cercle de relation s'est élargi, sans toutefois rejoindre le cercle de leurs amis. Les nombreuses rencontres faites dans le cadre de leur vie politique ne semble guère impressionner Michèle Dionne qui garde la tête froide :

> « [...] s'il y a beaucoup de gens qui viennent vers nous et dont on aurait jamais pensé qu'ils seraient venu nous donner un coup de main, il y en a aussi beaucoup qui s'en vont. Seuls les vrais amis, les plus sincères, restent à vos côtés dans les hauts comme dans les bas [...] Si nos amis ne sont pas toujours en politique, il est normal, étant impliqué depuis 1983, que forcément quelques-uns le soient. Quant aux politiciens, ce sont des gens que l'on côtoie à Ottawa dans le contexte parlementaire mais pas nécessairement en dehors de ce cadre. »

Cette méfiance envers les politiciens, que semble révéler les propos de Michèle Dionne, peuvent étonner puisqu'elle évoque ainsi un homme — son mari — qui a décidé de consacrer sa vie à la politique. Elle explique pourquoi il aime tant la politique et ce qu'il aime en politique :

> «Sa passion première c'est la politique [...] Je pense qu'il aime le contact avec les gens, il aime les rencontrer pour parler avec eux, pour les écouter. Il est à l'écoute des autres. C'est une de ses qualités. Les gens aiment sentir qu'on les écoute et que ce qu'ils racontent est important [...] Et quand je les rencontre, ils me disent souvent "mon Dieu j'ai rencontré votre mari et il nous regarde, il nous écoute" [...] être politicien ce n'est pas seulement être bon vendeur, il faut croire, il faut y croire sincèrement parce que la politique c'est plus que ça : c'est avant tout des idées, c'est l'avenir d'un pays. Et il faut y croire profondément ! Moi j'ai toujours dit que Jean avait le feu sacré des politiciens.

Si après quelques années certains le perdent parce qu'ils ont vécu des échecs ou des passages difficiles, lui l'a toujours. Je trouve que c'est une de ses grandes qualités. »

Un gars aux plaisirs simples

L'homme Jean Charest a des plaisirs plus terre à terre, qui humanise l'image plus froide du politicien, « c'est un homme qui est passionné, généreux bon père de famille, bon cuisinier ! [...] Il aime la vie et la vie le lui rend bien jusqu'à maintenant. »

Il avoue une affection pour la culture et les arts que lui a fait découvrir Michèle. Son grand plaisir est la lecture, celle des quotidiens qu'il dévore, mais aussi « [...] des ouvrages politiques ! [...] Que ce soit de la politique américaine ou étrangère ou une biographie d'un politicien, mais il y a toujours un rapport avec la politique », nous confie Michèle Dionne. Ses activités préférées tournent autour de la cuisine et du sport. L'homme aime la bonne chère et faire la cuisine fait partie de ses passe-temps favoris. Michèle ne cache pas que son mari est gourmand, qu'il aime bien manger. Préparer des petits plats, quand il reçoit la famille ou des amis, cuisiner des gigots d'agneau, où faire des BBQ l'été, cela le détend. Il a une prédilection particulière pour la cuisine italienne qu'il commence à savoir bien préparer. Il est fier de l'une de ces dernières recettes et aime en parler : « J'ai découvert avec ma belle-mère, lors d'un voyage en Italie, la recette du lapin à la moutarde. Nous avons appris la façon de le faire cuire au four. C'est simple, on le badigeonne de moutarde, on tourne, et on ajoute un peu de vin blanc. »

Sa passion pour la cuisine ne l'empêche pas d'aimer les sports, qu'il pratique le plus souvent en famille. Ce sont avant tout les sports de plein air que semblent privilégier les Charest. Parmi ces sports, c'est le ski alpin qui a la préférence. « [...] on est plutôt des skieurs. Curieusement dans une famille où l'on compte un ancien professionnel de hockey, ce sport ne semble pas roi. » En effet, Michèle Dionne parle des descentes de ski alpin avec les enfants, mais aussi du patin pratiqué sur le canal Rideau à Ottawa ou en Estrie. Et puis toujours en famille, l'été ils font de la natation, ou jouent au tennis.

Depuis qu'il a pris la décision de se préoccuper de sa condition physique, il a su intégrer dans son agenda un temps pour faire du conditionnement physique, Ce qui a permis une reconstruction remarquable de sa silhouette. Qui, en effet, n'a pas constaté le changement drastique de son physique ces dernières années, son visage plus long, moins rondelet.

Un politicien moderne

La dernière campagne électorale a projeté de Jean Charest l'image d'un homme politique moderne, dynamique, ambitieux, déterminé, passionné et aux convictions bien arrêtées. En ce sens, il rejoint l'image reflétée par la nouvelle génération de politiciens arrivés aux plus hautes fonctions de l'État, tels Bill Clinton aux États-Unis, Jacques Chirac, en France, ou Tony Blair, en Grande-Bretagne.

En politicien moderne, Jean Charest a de l'ambition à revendre. Ainsi, si vous lui posez une question directe sur son objectif, il vous répondra sans détour : « Être Premier ministre », et il n'en fait pas un secret : « [...] après 13 ans de vie politique, il aspire toujours à devenir Premier ministre du Canada », nous confiera Michèle Dionne. Sa détermination, sa motivation prennent racine dans sa joie de vivre — parce que chez lui on la retrouve dans tout. Sa joie de vivre, c'est autant dans son travail que dans sa vie personnelle, dit Michèle Dionne —, dans sa foi en lui, dans sa passion pour la politique : il aime ce qu'il fait, il y croit.

«Je peux le dire [...] il croit en lui avec raison. Il a démontré, à maintes occasions, qu'il avait des talents de rassembleurs. Il le fait avec conviction, avec passion [...] Je sais pas comment il fait, il a cette capacité de sortir des périodes les plus difficiles, comme la démission, ou le *leadership*», nous confie Suzanne Poulin, sa plus proche et plus fidèle collaboratrice.

Il semble être dirigé par une énergie sans bornes, un positivisme presque à toute épreuve. Tous les témoignages recueillis auprès de ses proches convergent dans ce sens : «[...] c'est un homme qui est sur la route et qui fait des miracles. Il réussit à revenir de je ne sais trop où pour venir souper le samedi soir ou participer à un événement familial le dimanche matin. Il se joue des fuseaux horaires et en sort toujours gagnant.»

Si son optimisme et sa détermination sont mis de l'avant, son principal atout semble résider dans la discipline de fer qu'il s'impose et qui est un héritage paternel.

Il y a quatorze ou quinze mois, ne se sentant pas en forme, il s'est astreint — n'ayant jamais été un grand sportif —, à un entraînement physique sérieux. Beaucoup de gens lui avaient fait remarquer que son aspect rondouillard ne reflétait pas l'image dynamique qu'il devait projeter. Il s'est imposé, par un régime, une meilleure discipline alimentaire alors qu'il a la réputation d'être une bonne fourchette. Pendant la période électorale, il trouvait des moments pour aller faire son heure de bicyclette. Même avant les fameux débats télévisés de la campagne de 1997, où il a su conquérir l'électorat, Jean Charest faisait une heure de sport afin d'être en forme.

Certes, s'il a changé son *look* c'est plus, essentiellement, pour des raisons personnelles d'esthétisme et de bonne santé que pour des raisons de marketing politique. S'il a, effectivement, suivi une formation pour poser son timbre de voix et apprendre à bien projeter son image, il n'a pas subi de *lifting*. Il ne s'agit-là que d'une rumeur.

Le portrait que nous en ont tracé ses collaborateurs est élogieux. On vante beaucoup ses qualités de cœur et ses capacités intellectuelles. On le dit très attaché aux valeurs familiales traditionnelles, comme nous l'avons déjà souligné. Il apparaît comme un «bon gars», un gars solide qui fait preuve d'un bon jugement, loyal envers ses amis et ses collaborateurs, qui lui sont fidèles. On le dit peu rancunier. Il a également la réputation d'être un travailleur acharné, consciencieux et très exigeant envers lui-même comme envers son personnel. Excellent orateur, très bon vulgarisateur, excellent vendeur, c'est un homme qui a la capacité d'exprimer en mots très simples des idées bien compliquées, un bon passeur de messages. Il traverse bien l'écran. On le dit ouvert aux idées nouvelles. Il n'est pas «bloqué», et ne prétend pas tout connaître, mais une fois que son idée est faite, il est prêt à se battre et déborde d'énergie. On dit de lui, qu'outre sa mémoire phénoménale, il possède un très grand sens de l'humour et de la répartie. Il sait discuter, écouter, mais prend toujours ses propres décisions. Personne ne peut le forcer à faire quelque chose qu'il n'aime pas.

À la fois calme, posé et autoritaire, il connaît ses dossiers à fond et a une vision très personnelle du Canada qu'il connaît comme sa poche. Jean Charest est un politicien naturel, ouvert et jeune qui croit profondément que le fédéralisme peut fonctionner. En fait, son engagement semble essentiellement tenir autour d'un choix bien affirmé pour l'unité nationale. Il se veut à l'image du Canada dont il rêve : bilingue, jeune et dynamique.

Sa plus grande force, aux yeux de ses proches, réside dans sa connaissance du pays et des dossiers qu'il a eu à traiter dans les différents postes ministériels qu'il a occupés : «[...] il avait une vision et une capacité de voir et d'analyser les situations dans leur ensemble ou dans les détails avec une rapidité incroyable», se souvient Philippe Morel son ancien chef de cabinet à l'Environnement. Ce dernier poursuit en rappelant sa faculté de mémorisation et de compréhension des problèmes en général, et du respect de l'opinion des autres en particulier.

Pour Gabriel Desjardins, ex-député conservateur, Jean Charest est la plus «belle bête politique au Canada», mais son problème réside dans le parti qu'il représente et dans la conjoncture qui fait que ce parti se retrouve minoritaire sur l'échiquier politique : «il serait le chef de n'importe quelle autre formation, toutes les portes s'ouvriraient.»

Dans sa vie personnelle comme dans sa vie professionnelle, on dit de Jean Charest qu'il a un sens aigu du devoir, du travail bien fait, des responsabilités, tout à fait à l'image des valeurs véhiculées par son milieu familial. «Ce sont des valeurs — précise-t-il — qui étaient très ancrées chez mon père et des valeurs propres aux Irlandais [...] Les mots qui circulaient autour de la table de cuisine : c'étaient responsabilité, loyauté, travail, autonomie.»

Ce portrait par trop idyllique tracé par ses proches collaborateurs demanderait toutefois à être quelque peu nuancé. Des témoignages recueillis, il semble qu'un consensus unanime se dégage sur le tempérament de Jean Charest. Et il nous a été difficile de trouver, parmi les intimes du chef conservateur, des gens capables de lui trouver des failles.

Bien sûr, si la perfection existe, ce n'est pas en politique qu'elle gîte. Derrière la façade du politicien le plus sincère se cache quelque part une faille. Et c'est au sein même de la base du parti que nous avons eu le sentiment qu'il pouvait exister quelques fissures dans la forteresse Charest.

Cet homme que ses amis disent têtu est aussi tenace. Ce qui peut être difficile pour son entourage, nous a-t-on plusieurs fois mentionné : «Il ne dit pas souvent non au départ. Il n'est pas radical, il n'est pas catégorique. Il négocie, on est habitué, on se comprend bien maintenant après toutes ces années», précise son épouse.

Jean Charest avouera lui-même que, dans certaines circonstances, sa loyauté peut se transformer en faiblesse. Le personnage se veut sans failles, et se protège derrière sa cuirasse : «faiblesse, s'étonne-t-il, avec fausse modestie — j'essaie de ne pas décrire mes faiblesses. Ma principale faiblesse, c'est d'être [...] des fois trop confiant, de faire trop confiance.» Ainsi, on trouve que sa trop grande confiance envers les autres l'empêche de bien s'entourer et de bien se faire seconder. Bernard Valcourt, ex-ministre du cabinet Mulroney estime que Jean Charest a un défaut : «il est comme Brian, il est très loyal et lorsque quelqu'un commence à se donner à lui, il a de la difficulté à le critiquer ensuite et cela c'est crucial.» Cette trop grande confiance envers ses collaborateurs proches peut lui jouer de mauvais tours, c'est là un des principaux reproches qu'on semble lui faire.

Il est à la fois très chaleureux et très distant, chaleureux lorsqu'il est en situation de représentation face aux caméras, devant son électorat et distant lorsqu'il revient dans le cadre plus familier de ses collaborateurs et militants. En quelque sorte, il vous semble proche quand vous êtes loin et loin quand vous êtes près de lui. À l'intérieur du Parti progressiste conservateur, on se plaint de façon unanime qu'il n'appelle pas assez souvent ses militants au téléphone :

> «on lui laisse des messages sur son répondeur et bien des fois il ne retourne pas ses appels. Non seulement il n'est pas rapide, mais il n'aime pas téléphoner, c'est une de ses faiblesses. De plus, on s'attend de temps à autre à avoir une petite conversation avec le chef, surtout si l'on est très impliqué et on s'attend à échanger avec lui sur des sujets que le préoccupent.»

Il en est de même de son rapport avec les militants de base. L'homme serait-il hautain ou trop occupé, au point de ne pas retourner les appels à ses membres avec lesquels il ne dialoguerait pratiquement jamais. Les témoignages en ce sens vont à l'encontre de l'image que les proches de Charest cherchent à projeter du chef conservateur.

Certes, Jean Charest n'aime pas le téléphone, signalent certains de ses familiers, car si on l'appelle, il s'engage habituellement dans une conversation téléphonique où il ne sait plus s'arrêter. Il a beaucoup de difficultés à avoir un échange de trois ou quatre minutes. Ses conversations durent plutôt vingt minutes. Il n'aime pas s'engager dans une conversation superficielle, il aime aller au fond des choses. « Jean Charest est donc quelqu'un qui est gênant et qui est gêné au téléphone », conclut son plus proche collaborateur Jean-Bernard Bélisle. Il reconnaît lui-même « qu' il y a des gens pour qui le téléphone est une seconde nature. Pensez à Mulroney, à Bourassa, ce n'est pas moi ! »

Cette attitude de *leader* semblant au-dessus de ses troupes, constitue aux yeux de beaucoup la faille de Jean Charest dans son propre parti : « Il s'occupe trop d'organisation. Un moment donné c'est comme la chèvre de monsieur Seguin [...] Si tu ne descends pas, tu vas brusquer ce que tes lieutenants, tes employés et ta structure ont décidé. Et Charest fait cela et il ne devrait pas. »

Aux yeux de certains, il manquerait dans certaines situations d'agressivité. Guy Saint-Julien, — ex-député conservateur et depuis 1997 député libéral — le décrit comme : « un gars renfermé. Quand il est malheureux, il ne parle pas, il ferme la porte de son bureau », et de conclure, évoquant certains épisodes de la dernière campagne électorale : « Si Jean veut gagner, il doit améliorer son image politique. Il faut qu'il change de méthode, mais il va avoir de la misère contre Jean Chrétien. »

Pour d'autres, il semblerait aussi pécher par orgueil, parlant de lui :

> « [...] quelquefois à la troisième personne [...] il parle trop souvent de *ses* idées, de *sa* pensée, cela pouvait peut-être s'expliquer par fait que nous n'avions que deux sièges au Parlement. Mais, j'aurais préféré qu'il dise que *nous* allions faire ceci ou cela et qu'un gouvernement conservateur *ferait* ceci ou cela [...] au lieu de dire mon équipe et moi *on va faire* [...]. Je ne sais si c'est une décision personnelle ou de l'organisation qui a dit [*on*] va faire la campagne afin de faire oublier le conservateur là-dedans. »

Force est de constater que cette stratégie a porté certains fruits, puisqu'elle a fait oublier un parti qui pendant dix ans s'était identifié à Mulroney. Jean Charest par sa personnalité a su lui donner une nouvelle image.

Cependant, c'est un conservateur de longue date Michael Meighen — qui soutient pourtant Jean Charest sans aucune équivoque — qui posera tout haut les interrogations que de nombreux conservateurs murmurent tout bas sur la faiblesse du *leadership* de leur chef :

« Qu'est-ce qu'il représente au juste ? Qu'est-ce qu'il veut? Où est-ce qu'il veut nous emmener ? » Les sympathisants conservateurs se posent souvent ces questions. « Dis-nous, Jean, exactement ce que tu veux faire, soit un peu plus précis. »

Ces propos ne sont pas sans rappeler ceux concernant le manque d'agressivité reconnu du chef conservateur. En somme, ses proches souhaiteraient plutôt qu'il ait une main de fer, même s'il a déjà le gant de velours.

Chapitre 2

Du jeune militant au *leader* charismatique

Les premières armes

Dès l'adolescence, comme nous l'avons vu dans le chapitre précédent, Jean Charest s'intéresse à la chose politique. Déjà au secondaire, il s'implique activement dans les activités scolaires ; ce secteur deviendra en quelque sorte son premier champ de manœuvre. Sa première participation à une campagne électorale date de cette époque, alors qu'il s'engagera aux côtés d'un ami de sa mère qui brigue un poste de conseiller scolaire. Ainsi le jeune Charest se fait remarquer de ses camarades de classe par ses centres d'intérêt peu fréquents pour quelqu'un de cet âge. Peu attiré par les activités sportives, il consacre une partie importante de ses temps libres à s'informer. Cet intérêt concorde aussi avec le choix qu'il fait, à l'âge de 12 ans, de sa future orientation professionnelle : «je voulais devenir avocat et faire des procès devant jury.»

Au fil des années, il devient président des étudiants de l'école Montcalm. Il consacre de plus en plus de temps à la lecture des journaux, à un tel point que son père pense qu'il est devenu « fou ». Il aime à rappeler qu'au temps du CEGEP et de l'université, il achetait quotidiennement : Le Jour, *Le Devoir*, *La Presse*, *Le Journal de Montréal*, *The Gazette*, *The Globe and Mail*, *La Tribune*, *The Record* : « Je les lisais tous les jours, et je le fais encore ». C'est ainsi qu'il a développé une certaine méthode de lecture. Dans *The Gazette*, il s'obligeait à parcourir une section qu'il n'aurait jamais lu normalement — « Je lisais les chroniqueurs qui parlaient de l'extérieur du Québec [...] j'y trouvais des perspectives différentes » — qui élargissait mes horizons. La pratique de la lecture du *Journal de Montréal* était tout aussi importante : « [...] même si certains pensent, que l'on n'y trouve pas un point de vue très recherché, [...] il est important de savoir comment il s'affiche et quelle perception on y trouve afin de le comparer aux autres. C'est pour moi un exercice d'observation [...] puisque c'est le journal le plus lu au Québec. »

C'est tout naturellement que, dès 1976, suivant en cela les traces de son grand-père Ludovic, Jean Charest deviendra membre de l'Union nationale. À 17 ans, il participe au congrès qui devait désigner Rodrigue Biron à la tête de cette formation appelée à disparaître depuis la montée du Parti québécois. Cette première expérience ne semble pourtant pas avoir réellement enthousiasmé le jeune Charest qui déclare vingt ans plus tard : « [...] je n'avais pas été impressionné et je suis revenu de là en disant que ce n'était pas ma place », depuis il maintient ce sentiment.

Jean Charest adhérera, en 1982, au Parti progressiste conservateur, alors que les conservateurs se préparent à choisir des délégués de comtés pour le congrès de révision qui doit se tenir au cours de l'automne, à Winnipeg. Joe Clark, le chef contesté, prend à cette occasion la décision de demander à ses militants un vote de confiance. Il fixe lui-même la barre très haut en demandant un support de 75% des votes. Les militants de base de Sherbrooke organisés par Jean Charest appuient Joe Clark. Ils sont en cela en opposition avec les militants du Québec qui, discrètement, soutiennent Brian Mulroney. Au nombre des supporters de Mulroney, on retrouve, par exemple, Pierre-Claude Nolin, aujourd'hui sénateur. Leur objectif est clair : le départ de Joe Clark, à qui ils ne font plus confiance, et qui n'a plus, à leurs yeux, la capacité de mener le parti vers une victoire. Ils tenteront par tous les moyens de barrer la route aux supporters de Clark et donc à la tendance de Jean Charest.

Pierre-Claude Nolin et Jean Charest se croiseront pour la première fois à l'Auberge des Gouverneurs de Sherbrooke, à l'occasion du choix des délégués pour l'assemblée de Winnipeg. Malgré une position de faiblesse relative, Jean Charest et ceux qui l'entourent gagnent cette première manche contre la tendance québécoise qui soutient Mulroney. Pierre-Claude Nolin remarque que Jean Charest, alors parfaitement inconnu à l'extérieur de l'Estrie, possède déjà toutes les qualités requises pour créer une relation interpersonnelle avec les gens, rallier facilement de nombreuses personnes à son point de vue : « [...] les gens aiment être avec lui. Il y a une fierté à s'identifier à lui. C'est un gagnant [...] qui a ce talent d'attirer les gens vers lui. »

Jean Charest, même s'il ne participe pas au congrès de révision de Winnipeg — où Joe Clark n'obtiendra pas le soutien demandé et sera contraint de remettre son sort entre les mains d'un congrès au *leadership* dont Brian Mulroney sortira vainqueur — ne se décourage pas. Malgré cette première défaite, il s'engagera beaucoup plus activement au cours des semaines qui vont suivre.

En mars-avril 1983, alors que Jean Charest est toujours fidèle à Joe Clark — puisque sa position sur la question nationale lui semble la meilleure —, il rencontre à nouveau Pierre-Claude Nolin ; les conservateurs se préparent à désigner leurs délégués pour le Congrès au *leadership* qui se tiendra au mois de juin à Ottawa. Jean Charest raconte :

> « Mon engagement effectif dans le parti date de 1983, c'était à l'occasion de la course au *leadership* [...] j'ai été approché par les partisans de Joe Clark dont Denis Beaudoin qui préparaient la course et je me suis engagé à fond de train. »

On connaît la suite des événements : Brian Mulroney remporte la chefferie contre Clark ; Pierre Eliott Trudeau annonce son retrait de la vie politique un peu plus tard. Et c'est le déclenchement d'élections générales par le nouveau Premier ministre, John Turner, à l'été 1984, qui relancera toute la question de l'unité de pensée des troupes conservatrices, toujours profondément divisées entre les tendances Clark et Mulroney.

Jean Charest décide de se présenter comme candidat à la députation dans le comté de Sherbrooke, mais il n'a toujours pas le soutien des organisateurs conservateurs du Québec, étant toujours identifié à la tendance pro-Clark. Un groupe de dirigeants du parti, dont le président de campagne et l'organisateur en chef Rodrigue Pageau, sont hostiles à sa candidature. Ce n'est pas, d'ailleurs, le seul comté où Rodrigue Pageau repousse des candidats proches de Joe Clark. C'est entre autres, le cas pour P-H Vincent à Trois-Rivières, et pour Jean-Guy Hudon dans Beauharnois. Afin de le soutenir dans sa démarche, Jean Charest fait appel à George McLaren, alors éditeur du *Sherbrooke Daily Record*. Ce dernier, peu sensible à sa candidature, lui répond en boutade, et dans un humour tout britannique que le candidat-type recherché pour la circonscription de Sherbrooke est : « une femme diplômée d'un premier cycle de l'Université de Sherbrooke, d'un deuxième cycle de Harvard de type MBA, ayant déjà créé une entreprise, l'ayant vendue récemment et se cherchant actuellement une autre carrière ». Il constatait donc que Jean Charest en tant que « jeune avocat mâle n'était pas le candidat idéal pour les instances de Montréal ». Toutefois, George McLaren lui suggère de se présenter à l'investiture, afin que soit convoquée une assemblée de mise en nomination. Cependant ce dernier le rassure, amicalement, en lui soulignant que dans la vie politique on trouve très rarement le candidat idéal.

Jean Charest n'est pas le seul à vouloir briguer le titre de candidat conservateur dans Sherbrooke. Il doit faire face à Claude Métra, 52 ans, ancien président de la Chambre de commerce de Sherbrooke, et candidat de la tendance Mulroney. Ce dernier semble avoir plusieurs atouts en sa faveur, car il est connu de la population, expérimenté et crédible aux yeux du public. Claude Métra attire vers lui les gens d'affaires et les biens nantis. Désireux de mettre toutes les chances de son côté et de gagner cette convention, Jean Charest jouera une carte plus populiste. Il sait qu'il doit recruter de nouveaux membres, donc vendre des cartes du parti. Plutôt que de s'adresser à des personnes bien en vue de la société sherbrookoise, il décide de recruter ses partisans dans toutes les couches de la société locale. Son père, bien connu dans tous les milieux, sera son meilleur vendeur. Cette convention de mise en nomination fera date dans les annales politiques du Parti progressiste conservateur de Sherbrooke, où traditionnellement, dès l'annonce d'une élection générale, les organisateurs et les bailleurs de fonds du parti se retrouvent à une dizaine, dans un bureau feutré, afin de définir l'engagement matériel et financier de chacun dans la campagne du candidat local.

Pour Jean Charest la préparation à la vie politique semble s'être effectuée sans trop d'anicroches. Il rappelle, d'ailleurs, qu'il s'y était bien préparé, en 1983, lors de la course au *leadership*. À cette occasion, il s'était initié aux principes de base de l'engagement politique : éthique, stratégie, recrutement, financement [...] Fort de cet enseignement, il a compris très vite qu'il lui faudrait recruter de nouveaux membres : «c'était aussi simple que ça». Ainsi en faisant «sortir le vote» en sa faveur il lui deviendrait possible de vaincre son adversaire, et «[...] à Sherbrooke on les a pris par surprise. Ils ne s'attendaient pas à avoir un adversaire et surtout un adversaire organisé», rappelle-t-il. Sa stratégie a donc été de recruter tous les anciens délégués de Joe Clark à Sherbrooke qui l'avaient soutenu, lors de la course au *leadership* un an auparavant. « J'avais l'enthousiasme que l'on a dans les premières courses, j'ai fait toutes les erreurs que l'on fait dans ces cas-là [...] ça m'a très bien servi». Il ne cache pas, encore aujourd'hui, que si son adversaire était un homme d'une très grande qualité, celui-ci se voyant déjà élu a commis l'erreur d'axer sa course uniquement sur le poids de l'*establishment*.

> «[...] s'il avait bien mesuré ou évalué la situation — commente Charest — il aurait réalisé combien tous les votes comptaient. Moi, ça je le savais ; pendant qu'il fréquentait les chambres de commerce, je vendais mes cartes de membres et quand la course a eu lieu, je l'ai emporté comme ça. »

Le chemin vers la députation n'a pas été pour autant facile pour Charest, puisque la direction québécoise du parti, peu sensible à la candidature d'un pro-Clark, avait mandaté Pierre-Claude Nolin pour travailler contre lui. Mais le candidat Charest n'a pas été intimidé par cette situation : « Ils ne me connaissaient pas très bien. Ils n'allaient pas décider de ma carrière». Il était assez confiant et bien secondé à Sherbrooke, ayant su se rallier des gens qui possédaient une bonne expérience dans l'organisation de campagnes électorales : « [...] mes réflexes étaient assez bons, précise-t-il, c'est moi qui allait au devant d'eux, ça surprenait les plus âgés [...] mais ça a marché, même si la direction du parti avait décidé qu'il ne voulait pas m'avoir».

C'est ainsi que contre toute attente, contre vents et marées, contre la machine du parti, Jean Charest remporte la mise en nomination à laquelle ont participé entre 3000 à 4000 membres en règle du parti.

La campagne électorale de 1984

Après avoir gagné la mise en nomination à Sherbrooke, Jean Charest doit affronter le candidat libéral sortant Iréné Pelletier qui en était à son cinquième mandat. Pour le jeune Charest, c'était tout un défi :

> «Quand on se présente [...] pour la première fois, on ne sait pas comment mener un débat contre quelqu'un qui est député depuis longtemps. On se demande : est-ce que je suis vraiment prêt ? C'était très intimidant, car j'avais beaucoup de respect pour Iréné Pelletier.»

Lorsqu'il se décide à se lancer en politique active en briguant la députation de Sherbrooke, les affaires du jeune avocat Jean Charest marchaient bien. S'il voulait s'engager en politique, il n'était pas fixé sur la date de son engagement :

> «Je savais que, bien souvent, c'est le hasard, les circonstances qui décident. Il y avait eu la course au *leadership.* qui m'avait permis de mettre à l'épreuve mes talents d'organisateur et où j'ai beaucoup appris. Puis il y a eu la campagne de 1984 et les amis qui m'ont encouragé à me présenter comme candidat [...] et là, j'ai foncé.»

Même s'il est devenu le candidat officiel du parti, la campagne de Jean Charest ne sera pas plus facile. En effet, le parti considère que les chances de l'emporter se trouve dans les comtés ruraux et pour les organisateurs du Québec, Sherbrooke est un comté beaucoup trop urbain. Aussi les responsables de la campagne lui font clairement comprendre qu'il n'aura pas d'argent pour financer sa campagne électorale. Lors de ces élections, la scission Mulroney-Clark a encore laissé des séquelles. Pierre-Claude Nolin est alors directeur des opérations pour le Québec. Même si ce dernier et les stratèges du parti remarquent la capacité d'organisation de Jean Charest, il devra se battre seul, avec ses propres armes et se trouver des fonds rapidement.

George McLaren qui avait, lors de l'investiture, soutenu la candidature de Claude Métra, décide de prendre ses distances avec ce dernier. Sur les conseils de son épouse Anne qui avait préféré appuyer le jeune candidat, il s'engage auprès de Jean Charest. George McLaren forme donc un comité et devient l'un des responsables de sa campagne de financement. C'est de cette époque que date la grande amitié qui lie Georges McLaren et Jean Charest.

L'élection du 4 septembre 1984 voit déferler, à travers le Canada, une immense vague bleue. Dans cette déferlante, le candidat Charest gagne haut la main avec près de 50 % des suffrages exprimés et remporte le siège de Sherbrooke que détenait, depuis 1973, le libéral d'origine acadienne et ex-professeur de l'Université de Sherbrooke, Iréné Pelletier.

> « Je me suis fait élire dans une vague. Cela ne me gène pas de le dire, bien au contraire, c'est important de le reconnaître, de le comprendre, parce qu'un jour la vague peut arriver en sens inverse. Je m'étais fait élire et pour moi, c'était le paradis. Ç'a été extraordinaire. »

Ce soir-là, Jean Charest n'envisage pas pour autant une longue carrière en politique :

« J'entrevoyais ma carrière pour au moins deux mandats. Je ne comprends pas pourquoi des gens s'engagent pour un mandat. On ne va pas virer sa vie à l'envers pour ne faire que quatre ans [...] on s'engage en politique pour essayer de changer des choses. »

L'élection du 4 septembre 1984 marque donc pour Jean Charest le début de sa carrière politique. Il sera l'un des plus jeunes députés à siéger à la Chambre des communes, aux côtés de Bernard Valcourt et Perrin Beatty considérés comme la relève du parti.

La Période bleue

À 26 ans, entrer en politique n'offre pas que des avantages. Le jeune avocat et député Charest n'a pas encore de « vécu professionnel » si on le compare à l'ensemble de ses pairs. C'est ainsi qu'un avocat de Québec, Me Jean Riou, impliqué activement au sein du Parti progressiste conservateur depuis plus de vingt ans et proche de Joe Clark, le présente : « [...] il n'avait pas pratiqué longtemps, seulement quelques années. Je pense qu'il était à l'aide juridique. Il était très préoccupé par l'avenir des gens, peut-être à cause de son âge. »

L'un de ses premiers gestes, comme député, sera de se doter d'une bonne base dans son comté. Il appuie ses assises à Sherbrooke en formant une équipe restreinte de proches collaborateurs qui le seconderont et le représenteront admirablement bien. Il embauche Suzanne Poulin comme adjointe de comté ; elle deviendra le pilier de son organisation. À ses côtés depuis le début de sa carrière politique, elle décrit son patron en ces termes : « Travailler avec Jean Charest est un privilège. C'est un homme intelligent qui fascine par sa capacité à retenir, par son analyse des situations. »

Fraîchement débarqué dans la capitale, il côtoiera Jean-Guy Hudon et Bernard Valcourt, eux aussi nouvellement élus aux Communes. Quand il se présentera pour la première fois à l'édifice de la Confédération, avec son allure de « jeune garçon dans le vent », on ne veut pas le laisser entrer. À la fin de la première réunion du caucus conservateur, il est interpellé par son président qui lui dit : *Get your hair cuts or join the NDP*. Il est vrai qu'avec ses cheveux, il ne pouvait manquer de créer un contraste frappant au sein du caucus ! Ce n'était pas la perception habituelle que l'on avait d'un député conservateur. Pour Brian Mulroney le jeune Charest était un inconnu, qu'il ne tardera pas à remarquer :

> « Jean Charest je l'ai connu quand il est devenu membre de mon caucus, il était le plus jeune. Il était bilingue, mais parfaitement bilingue [...] Je l'ai vu à l'œuvre en Chambre et au caucus et de toute évidence c'était un homme très doué pour la politique. Si bien que j'ai commencé à le nommer à différentes fonctions, d'abord comme vice-président de la Chambre, puis à des postes ministériels [...] et je voyais en lui un prochain *leader* possible du parti. »

Sa plus grande chance a été d'avoir, dès cette époque, le soutien de George McLaren avec qui il s'était lié d'amitié. Grâce à son mentor — un ami personnel de Brian Mulroney — le jeune député d'arrière-banc brûlera les étapes :

> « George avait eu une influence — raconte-t-il — dans le fait que j'avais été nommé vice-président adjoint de la Chambre des communes et cela parce qu'il connaissait des gens à Ottawa [...] et parce qu'il n'y avait pas de Québécois qui s'y intéressaient. George m'a donné de bons conseils, m'a mis en contact avec des gens qui connaissaient la structure politique à Ottawa et qui m'ont permis de m'intégrer rapidement [...] Tous ces gens-là m'ont entouré, m'ont permis

de prendre des décisions qui ont eu un impact à long terme. Ainsi, vous avez le choix de vous intéresser à toutes sortes d'associations de parlementaires : Canada-France, Canada-États-Unis, etc [...] Pour beaucoup de députés, c'est une occasion de faire un voyage par année. George [...] m'a dit : la plus importante, c'est l'association Canada-États-Unis. Si tu dois en choisir c'est celle-là, car un grand débat s'en vient. C'était à la veille du débat sur le libre-échange. C'est ainsi que je suis arrivé prêt dans ce dossier. »

Dès son entrée dans l'arène politique et sur la scène de la vie publique, on note chez Jean Charest, une âme de fonceur qui sait s'imposer face à la volonté des chefs de file de la tendance Mulroney.

Si être député de la majorité est une excellente chose, cela n'offre pas que des avantages : « l'une des caractéristiques du parcours de Jean Charest, c'est qu'il n'a jamais eu les choses faciles. Il a su, selon Jean-Bernard Bélisle, tracer son chemin toujours à contre-courant ».

Jean Charest, grâce aux conseils d'amis avisés comme George McLaren, a donc dès le départ brûlé les étapes. S'il a profité d'un contexte qui favorisait alors la promotion des députés du Québec, ce fut aussi essentiellement une période d'apprentissage. Ce qui lui a permis de comprendre les règles de la Chambre et son fonctionnement en observant le comportement des parlementaires, en étudiant leurs stratégies, leur façon de faire.

Il est très difficile dans un caucus de 200 députés, d'avoir l'occasion de se mettre en valeur. Jean Charest a eu, très rapidement, la chance de se retrouver en charge de dossiers qui heureusement lui ont permis de se démarquer.

L'affaire de la modernisation de l'usine Domtar de Windsor sera la première occasion de se faire remarquer de la population de l'Estrie et de ses collègues du caucus conservateur. Le dossier de Windsor deviendra de son propre aveu

« son premier gros dossier ». Les équipements des moulins Saint-François et Watopeka étaient devenus peu efficaces et polluants, ils ne répondaient plus aux exigences imposées par la compétition internationale. Il fallait moderniser l'usine. L'économie de la ville de Windsor reposait, depuis 1856, sur l'industrie du papier. Sans une politique de modernisation de l'entreprise, c'était la fermeture de l'usine qui se profilait à l'horizon des années quatre-vingt-dix. Pour redevenir compétitive, la Domtar envisageait un projet de modernisation de plus d'un milliard et demi de dollars en 1983. Des aides fédérales et provinciales lui étaient nécessaires pour atteindre cet objectif.

> « Windsor [...] c'était dans le comté de Richmond-Wolf représenté par le député libéral Alain Tardif à côté de chez nous — raconte Jean Charest. Sinclair Stevens occupait la fonction de ministre de l'Industrie à Ottawa. La Domtar avait demandé au fédéral d'investir 100 millions et Stevens avait dit non. Puis le lendemain de sa décision, il était parti pour un voyage d'un mois en Asie. Alors ça a sauté, et moi j'ai été forcé de prendre position en faveur de l'usine et pour l'Estrie contre mon propre gouvernement ! J'ai dû piloter cela sans me faire trop d'ennemis ; et c'est ce que j'ai fait. Ce fut une période très intense [...] L'objectif, alors, était de créer 1000 nouveaux emplois directs et 4000 indirects. L'annonce du projet a pu être rendu publique le 5 avril 1985, ce fut donc mon premier gros dossier. »

Le dossier de la Domtar a permis ainsi à Jean Charest de s'affirmer, malgré son jeune âge et son peu d'expérience politique, comme un homme de caractère capable d'aller à contre-courant des décisions de son propre gouvernement. Position qu'il adoptera chaque fois qu'il s'agira de défendre les intérêts de la population et de la région qu'il représente.

Un jeunot à la jeunesse !

Pendant deux ans, il sera adjoint au vice-président de la Chambre des communes. Il accédera au cabinet, après avoir été nommé au poste de ministre de la Jeunesse en 1986 c'était à l'occasion du premier grand remaniement ministériel de Brian Mulroney. Jean Charest ne cache pas qu'il a eu de la chance : les Cantons de l'Est n'avaient pas de ministre, son ascension au cabinet en fut donc facilitée. Mme Andrée Champagne, alors ministre d'État à la Jeunesse était en difficulté. Brian Mulroney voulait donner, comme c'est la tradition à mi-mandat, une nouvelle image à son gouvernement en faisant appel à de nouvelles têtes et en donnant une meilleure représentation régionale à son cabinet. C'est ainsi qu'il offrit au jeune Jean Charest le portefeuille de la Jeunesse. Jean Charest raconte toujours avec émotion sa rencontre avec Brian Mulroney, au 24 Sussex, alors que celui-ci l'a informé de ses intentions. Jean Charest se souvient encore de ses dernières paroles avant de quitter le Premier ministre : « Je rentre à la maison ; mon père m'attend, ma femme aussi », qui lui répliqua alors : « T'es chanceux d'avoir ton père », et lui fit part de la disparition prématuré du sien, à qui il aurait aimé montrer le chemin qu'il avait parcouru jusqu'aux plus hautes fonctions de l'État. Jean Charest évoque, à cette occasion, les propos de Brian Mulroney concernant son épouse. « Reste très près de ta femme — m'a-t-il dit — Mila et moi, nous sommes très proches. Aujourd'hui je ne serais pas Premier ministre si elle n'avait pas été là. » Le lendemain, Jean Charest fut assermenté.

Brian Mulroney nous exposera en ces termes sa décision de donner une telle promotion au benjamin de son caucus :

> « Jean Charest est un homme à la vie privée impeccable, au comportement politique impressionnant. Dans un gouvernement, lorsque vous avez un jeune ministre qui boit trop ou

qui prend de la drogue, vous avez un problème sérieux sur les bras. Si un individu peut faire ce qu'il veut dans sa vie privée, quand sa vie privée a un impact sur sa vie publique, c'est différent [...] alors je voyais en Jean Charest un homme aux valeurs sûres, qui se comportait dignement et pour moi c'était important. »

En tant que ministre de la Jeunesse, Jean Charest va parcourir le pays d'est en ouest, assister à de nombreux événements et prendre la parole à plusieurs congrès. Il sait retrousser ses manches, haranguer la foule. Déjà, à ce moment-là, on chuchote, dans les associations de jeunes militants conservateurs qu'il sera un jour Premier ministre. On le dit très disponible quand les jeunes veulent s'adresser à lui. Il sait écouter leurs revendications, même s'il prend toujours ses décisions à la lumière de ses plus proches collaborateurs.

La période au ministère de la Jeunesse a été fructueuse pour Jean Charest : « Ce fut pour moi une période d'épanouissement, mais aussi mon introduction à la fonction publique canadienne, au corridor du pouvoir [...] »

À l'époque, le ministère d'État à la Jeunesse est une division du ministère de l'Emploi et de l'Immigration, qui comptait plus de 20 000 fonctionnaires. Le portefeuille de la Jeunesse lui offrait des ressources importantes, mais surtout, lui laissait carte blanche. Les grandes lignes du mandat que lui avait confié Mulroney consistait essentiellement à redorer le blason de ce ministère et à mettre en relief la fonction de ministre délégué à la Jeunesse, par de fréquents voyages et rencontres aux quatre coins du pays, lui assurant une meilleure visibilité : « Je veux te voir à la télé », lui aurait confié amicalement Brian Mulroney.

Outre l'aspect relationnel et promotionnel, il se devait également de développer une politique consacrée à la jeunesse. Tâche à laquelle il s'engage à fond encore une fois. Dès son arrivée au ministère, il trouvera un ami et un allié, en la personne du sous-ministre associé John Edwards qui était aussi un ami de George et Anne McLaren. Un lien de confiance et de sympathie s'établit entre les deux hommes; ils travaillèrent main dans la main. Il entreprit un grand programme politique consacré à la jeunesse dont il parle encore aujourd'hui avec fierté et il n'a pas manqué d'inscrire dans son programme électoral de 1997, certains thèmes qu'il avait commencé à développer dès 1986.

En mars 1988, Brian Mulroney procède à un autre remaniement ministériel, et ajoute à sa fonction les responsabilités de la Condition physique et du Sport amateur :

«[...] Lorsque j'ai été nommé [...] le Premier ministre m'avait appelé la veille au téléphone. Il m'avait dit : "demain je vais te nommer ministre d'État à la Condition physique et au Sport amateur, cela s'ajoutera à tes responsabilités actuelles à la Jeunesse." Ce n'était pas évident, j'étais rondelet à l'époque. Il m'avait ajouté "c'est le ministère le plus intéressant" [...] Je suis arrivé au ministère presqu'au moment des Jeux olympiques. Je ne me sentais pas à très l'aise, car je n'avais pas participé aus quatre ans d'effort de préparation de ces jeux. De plus, les JO de Séoul avaient lieu en septembre, [...] et les élections s'annonçaient pour le mois de novembre [...] Je ne voulais pas aller à Séoul. Je voulais préparer mon élection, car je ne prenais rien pour acquis. Finalement, le bureau du Premier ministre est intervenu et l'on m'a dit : "Prenez l'avion, et allez là-bas. C'est important que le Canada soit représenté." Finalement, on a fait un compromis : je suis allé à l'ouverture des JO et j'y suis resté trois jours.»

Quelques mois après son entrée en fonction, il sera confronté au scandale Ben Johnson. Cet athlète pris en flagrant délit de dopage entachera le sport et l'équipe canadienne olympique. Jean Charest devra sur le champ réagir et prendre des mesures sévères à l'endroit de Ben Johnson.

« [...] à peine de retour à Ottawa, l'affaire Ben Johnson a éclaté [...] Cela a eu l'effet d'une bombe, un vrai désastre. J'ai suspendu Ben Johnson. J'ai survécu à tout cela et là je me suis engagé à fonds dans le ministère. Le milieu sportif était en pleine crise, j'étais sous les feux de la rampe avec la Commission royale d'enquête sur le dopage, présidé par le juge Dubin, qui remettait tout en question dans le sport amateur. Il a donc fallu que je reparte à zéro avec le groupe ministériel consacré à la Condition physique et au Sport amateur. Tout le monde était démoralisé [...] Le problème est que le milieu sportif canadien est très centralisé, très petit et organisé en divers clans et moi je ne faisais partie d'aucun. »

Le tout jeune ministre encore inexpérimenté se retrouve ainsi confronté à des prises de décisions qui l'amèneront à commettre des faux pas et à rentrer dans une période noire.

La Période noire

Démission et purgatoire

À l'instar de Bernard Valcourt qui a dû démissionner de son poste durant l'été de 1989, Jean Charest est pris en défaut alors qu'il est ministre d'État à la Jeunesse, à la Condition physique et du Sport amateur.

Que s'est-il passé exactement dans l'affaire Charest en janvier 1990 ?

Tous les témoignages que nous avons recueillis, à ce sujet, sont souvent imprécis et contradictoires, et nous permettent de penser qu'il ne s'agirait peut-être que d'une tempête dans un verre d'eau. Y a-t-il vraiment eu conversation entre le juge Macerola et le ministre Charest ? Y a-t-il vraiment eu intrusion du pouvoir législatif dans le pouvoir judiciaire ? Mais qui donc a jugé nécessaire de dévoiler la communication téléphonique entre le ministre Charest et le juge Macerola. Outre ces deux personnalités, quatre autres personnes étaient au courant de cet appel. À qui donc pouvait profiter cette fuite ? Curieusement encore, en 1997, Jean Charest lui-même demeure discret quand on l'interroge à ce sujet. Et quelquefois même le principal intéressé s'embrouille dans le fil de l'histoire. Voulait-il couvrir un de ses conseillers ? Ainsi, Philippe Morel son chef de cabinet à l'Environnement nous a mentionné : « qu'il n'avait jamais pu savoir qui avait aussi mal conseillé son ministre ». Pourtant si vous allez dans son bureau à Ottawa, ajoute-t-il, vous y trouverez une affiche indiquant l'une de ses grandes convictions « Intégrité, honnêteté. C'est ce qui fait les grands hommes. »

Si la démission du ministre Charest a pris une telle envergure, c'est que le fond de la question était aussi politique. Au sein de l'équipe ministérielle, on voulait faire le point sur la place des francophones dans les sports de haut niveau, leur participation ayant souvent été remise en question.

Jean-Guy Hudon, député de Beauharnois à l'époque et proche de Jean Charest, décrit fort bien les tensions qui existaient lors de la formation des délégations d'athlètes canadiens :

> « Il y a toujours une controverse au sujet de la participation des francophones dans les délégations canadiennes. On est vulnérable [...] moi, j'ai vécu cela à tous les jeux que ce soit ceux du Commonwealth, des olympiques, ou de la francophonie. »

La controverse portait sur l'intégration d'un athlète et d'un entraîneur francophones au sein de l'équipe canadienne.

La démission de Jean Charest intervient après qu'il ait jugé bon de vouloir présenter son témoignage au juge Yvan Macerola. Il pensait ainsi pouvoir apporter au juge des précisions sur la cause de l'entraîneur Daniel St-Hilaire, qui s'était vu refuser la possibilité d'intégrer l'équipe canadienne d'athlétisme. Une affaire similaire était aussi en arbitrage devant l'Association canadienne d'athlétisme (ACA) et touchait la participation de l'athlète Michel Brodeur. C'était l'une de ces multiples affaires où l'on constate une discrimination envers les francophones dans les plus hautes sphères du sport amateur canadien.

Dans un courrier daté du 23 janvier 1990, Jean Charest écrit à Mᵉ Daniel Caisse — un spécialiste du droit sportif — qui représentait Michel Brodeur et Daniel St-Hilaire :

> « [...] J'ai pris connaissance du jugement de la cour d'appel du Québec du 17 janvier concernant la requête pour injonction interlocutoire de M. Daniel St-Hilaire. J'ai aussi pris connaissance de la décision de M. Brodeur, rapportée dans la Presse canadienne, de ne pas poursuivre l'Association canadienne des Jeux du Commonwealth.
>
> Le 19 janvier, le jour où j'ai reçu copie du jugement, j'ai demandé une rencontre avec les membres du Comité exécutif de l'ACJC, afin de discuter de la situation à la lumière de ce jugement et leur demander de réexaminer la candidature de M. Brodeur. Mon intervention était basée sur le fait que M. Brodeur contrairement à M. St-Hilaire, avait gagné son appel auprès de sa fédération sportive, l'Association canadienne d'athlétisme, et que, par la suite, l'ACA avait proposé auprès de l'ACJC que Michel Brodeur fasse partie de l'équipe canadienne. Toutefois, après avoir examiné à nouveau le dossier de M. Brodeur, l'ACJC a confirmé sa décision initiale de ne pas admettre l'athlète au sein de l'équipe. Ce refus est basé sur le fait que M. Brodeur ne rencontrait pas les normes d'accès établies par l'ACJC pour pouvoir participer aux compétitions. En ce qui concerne le cas de M. St-Hilaire, l'Association, à ma demande, accepta de se conformer au jugement de la Cour supérieure du Québec sans exiger une poursuite devant un autre tribunal [...] »

Jean Charest est alors aux Jeux du Commonwealth qui se tiennent en Nouvelle-Zélande. Il veut y défendre le dossier de l'intégration des sports pour personnes physiquement handicapées dans le cadre de ces jeux. Il avait effectué une démarche similaire un peu plus tôt à Séoul durant les Jeux olympiques où il avait eu une rencontre à ce sujet avec le président du CIO, Juan-Antonio Samaranch.

> « J'avais réussi pour les Jeux du Canada en 1989 [et] j'avais conclu que dans l'idée de la participation aux Jeux pour personnes physiquement handicapées, on retrouvait vraiment ce que Pierre de Coubertin cherchait à faire valoir : le dépassement de soi-même. Cet idéal-là, on le retrouve dans sa forme la plus pure dans les sports pour personnes physiquement handicapées. »

Parallèlement à sa visite en Nouvelle-Zélande se joue au Canada le sort de St-Hilaire et de Brodeur. C'est sur cette dernière affaire que va trébucher Jean Charest. Il explique ainsi les événements qui le conduiront à démissionner de ses responsabilités ministérielles :

> « J'étais choqué parce que j'avais donné des instructions à Sport-Canada d'être aussi souple que possible. L'athlète en question [Michel Brodeur] avait réussi les normes d'accès du Commonwealth pour participer aux jeux, sauf qu'il n'avait pas réussi les normes d'accès plus élevées que l'équipe canadienne s'était fixée. S'il avait réussi le test pour participer aux jeux, il ne pouvait toutefois faire partie de la délégation canadienne. Ce qui me semblait très regrettable [...] Moi, je n'avais pas réussi la norme d'accès fixée par le bureau du Parti progressiste conservateur de Montréal en 84 et pourtant j'ai gagné la course ! C'est ça la vie dans le fond. Me Jean-Laurier Demers, un avocat d'une firme légale de Sherbrooke représentait l'Association canadienne d'athlétisme dont le président était également de Sherbrooke : Jean-Guy Ouellette [qui accompagnera Jean Charest à Auckland]. J'avais réussi à persuader Ouellette qu'il devait embarquer dans cette affaire. J'avais écrit une lettre à l'Association leur demandant d'intégrer l'athlète dans l'équipe. Cela a fait un

coup d'éclat et ma lettre fut intégrée au dossier judiciaire. Me Jean-Laurier Demers fut alarmé par la lettre [...]»

À la suite d'une communication téléphonique de Me Demers avec ses clients de l'ACA qui sont en Nouvelle-Zélande d'autres appels téléphoniques seront passés, au cours de la nuit du 23 janvier, entre le Canada et la Nouvelle-Zélande. Deux conversations téléphoniques importantes, seront effectuées depuis les bureaux de la représentation canadienne à Auckland. D'une part Paul Dupré, directeur général de l'ACA, sera en ligne avec Me Demers qui lui est à Sherbrooke, et d'autre part Lane McAdam, du cabinet de Jean Charest et qui l'accompagne dans ce déplacement sera en ligne avec son ministre — qui se trouve dans un hôtel non loin de là, à Auckland. Comme le système téléphonique ne permet pas de conférence entre Jean Charest et Me Demers, Paul Dupré transmettra à McAdam les commentaires du procureur de l'ACA. C'est ainsi que Jean Charest obtiendra le numéro de téléphone du juge Macerola. Après entente avec son adjoint, Jean Charest se décidera à appeler le juge Macerola.

Jean Charest, à ce moment-là, a l'impression que le juge souhaite de manière formelle clarifier le contenu de sa lettre et il explique la logique de son intervention en la circonstance :

«Je suis avocat. Je ne suis pas naïf. Je connais les règles concernant les conflits d'intérêts. J'appelle le juge. C'était une procédure inhabituelle, mais les circonstances étaient inhabituelles, car les jeux ayant lieu en ce moment-là [...] s'il procédait dans un mois, les jeux seraient finis. Alors, je l'ai appelé. C'était le juge Macerola. Il fut très correct. Il me dit : "Oui votre lette a été déposée. Je n'ai pas besoin de [...]" ah! J'ai vite compris que [...] la conversation a dû durer moins d'une minute. J'ai raccroché. Et là, tout d'un coup, j'ai pris conscience que je venais de faire quelque chose qui n'était pas tout à fait correct, voulant agir spon-

tanément comme cela, pour aider, je me suis empêtré [...]
et le juge Macerola a rendu l'affaire publique [...]»

Son épouse, qui a été témoin de l'affaire, reste aussi très
évasive à ce sujet; elle dit se souvenir vaguement de l'incident que lui rapporta son mari le lendemain : «"Je pense
que c'est assez grave [...]", lui aurait-il dit, [...] et de là tout
s'est enchaîné». De toute évidence, Michèle Dionne ne veut
pas en dire plus.

Le député Guy Saint-Julien, un de ceux qui a soutenu
Charest dans la course au *leadership*, apporte un autre éclai-
rage et pense que Jean Charest n'a pas parlé au juge Macerola. Ce point de vue est d'ailleurs confirmé par le texte
que la Presse canadienne du 23 janvier 1990, a émis en
indiquant que «Selon le juge Yvan Macerola, de la Cour
supérieure du Québec, M. Charest a essayé de le joindre,
mais il n'a pas retourné l'appel.»

Interrogé à ce sujet le juge Yvan Macerola reconnaît, sept
ans plus tard, que le ministre Charest n'a pas tenté de l'influencer. Il rappelle, d'ailleurs, qu'il a souligné cet aspect
de l'affaire dans son jugement sur la participation de
l'athlète québécois aux Jeux du Commenwealth. Ce que le
juge a tenu à nous préciser : c'est que si, effectivement,
Jean Charest lui a bien téléphoné, il n'a pas cherché à lui
parler sur le fond de la question. Par conséquent, le juge
Macerola considère qu'il n'y a pas eu interférence du pouvoir législatif sur le judiciaire. L'affaire — nous a-t-il dit —
« [...] a pris une importance démesurée que je regrette.
Heureusement avec le temps on se rend compte qu'elle n'a
pas eu un impact trop négatif sur le développement de la
carrière politique de Jean Charest.»

Pour Bernard Valcourt, Jean Charest n'a commis aucune
infraction criminelle. Tout ce que le ministre voulait c'était
de demander au juge :

« [...] quand est-ce que vous allez prendre une décision ?
Parce que le Canada devait soumettre, à l'organisation des
jeux du Commonwealth, la candidature de cet athlète. Mais,
en temps que ministre, il ne lui était pas permis de faire
un tel écart de conduite vis-à-vis des traditions parlementaires canadiennes. À première vue, on peut considérer qu'il
y avait une intrusion du pouvoir législatif sur le pouvoir
judiciaire. C'est pourquoi il se devait de démissionner de
son poste de ministre d'État à la Jeunesse, à la Condition
physique et du Sport amateur. »

L'affaire ne prendra pas de temps pour être monté en
épingle par l'opposition libérale. Le député d'opposition
Jean Lapierre, ne manque pas de prendre cette affaire en
main, dès qu'il est informé de la tentative de communication
téléphonique du ministre Charest au juge Macerola. Malheureusement pour Jean Charest, le député Lapierre connaissait bien ce genre de situation puisque son ancien patron, André Ouellet, avait été piégé à l'occasion d'une
situation similaire. fort de cette expérience, il put donc
cibler avec précision ses attaques au cours de la période des
questions qui devait suivre cette communication
téléphonique faite entre la Nouvelle-Zélande et le Canada. Jean
Charest communique dans les heures qui suivent à Ottawa
avec Don Mazenkowski, vice-Premier ministre en charge
des dossiers d'éthique, lui demandant « [...] de dire au Premier ministre que je lui offrais ma démission, que j'acceptais
le fait que ce soit un faux pas et qu'il devait se sentir libre
de faire ce qui était dans l'intérêt du gouvernement. » Jean
Charest aurait offert sa démission sur le champ :

« Tout cela c'est passé vers cinq heures du matin. Je n'avais
pas passé une très bonne nuit. Les médias sillonnaient les
corridors à la recherche de la victime. Don Mazenkowski
m'avait informé qu'il se rendait à la période de questions

pour informer la Chambre que ma démission avait été acceptée. »

Cependant M. Mulroney nous dira qu'il n'avait jamais pensé refuser sa démission, puisque c'est lui-même qui l'avait exigée, car nous expliquera-t-il :

> « Connaissant la politique canadienne, sa démission était importante, une démission parlementaire est un trait honorable dans la tradition britannique et cela rend une situation étanche, en d'autres mots, cela permet de tourner la page. Je savais que si Jean ne démissionnait pas — et il n'a pas eu d'hésitation, quand je l'ai rejoint en Nouvelle-Zélande — s'il ne le faisait pas, l'opposition le harcélerait pendant des semaines et des semaines, sinon des mois, il aurait été terni en Chambre. Mais en démissionnant subito-presto, il est passé pour ce qu'il est : un homme honorable. Ce n'était pas une sanction de ma part, mais un respect de la tradition parlementaire qui veut que l'on n'appelle pas les juges. »

Pour Jean Charest cet événement fut terrible et en même temps un des moments forts de sa vie : «[...] Pour moi [...] ma carrière était finie. Quand on pense devenir chef du parti un jour, même sans faire de projet précis, tout venait de s'écrouler ». Finalement, une fois le choc absorbé, il prendra avec son épouse, à leur retour d'Auckland, trois jours de vacances. Ils iront se ressourcer dans l'Estrie où ils reçurent de la part de la population de Sherbrooke de nombreux témoignages de sympathie.

> « Ce fut exceptionnel. Quelquefois la vie vous offre ce qu'il y a de plus beau et de plus dur en même temps. J'ai eu alors des appuis extraordinaires. Quand d'autres ministres démissionnent, ils se sentent comme des animaux blessés pour le reste de leur carrière. J'ai dit à ma femme : "on ne laissera pas cette affaire-là nous abattre. Je suis député, j'ai une job, j'ai été élu pour servir des gens". »

Dès son retour à Ottawa, il se présente à la réunion du caucus, se lève et exprime à ses collègues ses regrets pour l'embarras que les conséquences que son geste avaient occasionné au Premier ministre et au gouvernement. Assumant cette situation, il reprend son siège de simple député à la Chambre «pour travailler et faire sa part». Quand un ex-ministre revient en Chambre, tout le monde l'observe car son siège qui était en avant dans les rangs ministériels se retrouve tout d'un coup à l'arrière. Mais Jean Charest abordera avec courage ce moment délicat :

> «Je vais aller à la Chambre — s'était-il dit — je vais attendre que tout le monde soit entré et j'irai m'asseoir à ma place, me disant bon c'est fini. Je suis revenu, et à partir de maintenant, je travaille d'ici. Et ce n'est pas vrai que j'aurai l'air d'un animal blessé et que je vais regretter. On va tourner la page.»

Cette attitude volontaire lui a été salutaire et lui a permis de faire le point et de prendre un certain recul par rapport à la politique : «on venait de vivre la naissance de deux enfants Antoine et Alexandra et la démission arrivait à un moment propice. On venait de découvrir que l'on pouvait ralentir et s'organiser autrement et on trouvait cela agréable. On venait de louer la maison à North Hatley [...]»

Pour le personnel du cabinet Charest, sa démission a été perçue avec regret, amertume et une certaine tristesse. Anie Perreault — ex-candidate conservatrice dans le comté de Joliette lors des élections de juin 1997, adjointe au cabinet —, de Jean Charest. Elle raconte comment elle a vécu les événements :

> «[...] J'étais dans un cours de droit constitutionnel, en janvier 1990, où l'on expliquait la différence entre le législatif et le judiciaire. Mon professeur savait que je travaillais pour Jean Charest. Il venait d'apprendre [...] la démission de Jean

[...] Pendant qu'il expliquait la différence entre le législatif et le judiciaire, il me regardait dans les yeux. Après le cours je lui ai demandé pourquoi il m'avait fixée comme cela. Il m'a répondu : "tu devrais peut-être appeler à ton cabinet". J'ai appelé et on m'a appris la nouvelle. C'était très triste, on n'y croyait pas. »

Le purgatoire qui s'en suivit, ne fut que de courte durée, puisque en mars 1990, la création d'un comité spécial de la Chambre des communes pour proposer un Projet de résolution d'accompagnement à l'Accord du Lac Meech donne alors au Premier ministre l'occasion de lui confier le mandat de réaliser une étude sur la révision de l'Accord.

Le travail de relance constitutionnelle : Le Rapport Charest

Depuis la victoire du Parti québécois aux élections provinciales de 1976, le débat constitutionnel canadien est toujours resté ouvert. Que l'on se souvienne du rapatriement de la Constitution, en 1982, par Pierre Elliot Trudeau, et des suites que l'échec de l'Accord du Lac Meech après 1987, entraîneront au niveau politique à travers toutes les régions du canada.

Le mandat que le Parlement confie, sur la proposition de Brian Mulroney, au comité spécial que présidera Jean Charest est d'entendre, à travers le pays, les commentaires des Canadiens afin de mieux cerner la nature du problème et de proposer des solutions à l'impasse constitutionnelle.

La proposition de présider le comité fut faite à Jean Charest au cours d'un dîner chez Camille Guilbeau qui était chargé de faire la liaison avec le caucus pour Brian Mulroney. Jean Charest explique comment l'offre lui a été faite :

« Nous dînions avec Lucien [Bouchard] et Audrey, lorsque Lucien me lança, [...] "tu pourrais présider le comité" [...] Michou et moi nous nous sommes regardé et j'ai répondu "tu penses, je ne sais pas". [...] Je n'ai pas montré un grand intérêt pour le projet de Lucien parce que je savais que le président de ce comité allait être victime d'un tir nourri de tous les coins du pays en commençant par les péquistes au Québec [...] Finalement, [...] Lucien Bouchard aurait parlé à Mulroney le soir même, je n'en n'ai pas été témoin. Le lendemain, Lucien m'a appelé, puis ce fut Mulroney qui me demanda de venir le rencontrer. Au cours de l'entretien, il m'indiqua qu'il voulait que je préside le comité, et là, j'ai accepté [mais] j'aurais pu dire non. Meech était un patient agonisant ; et il fallait le ranimer. Il fallait donc que je livre un rapport qu'ensuite le Premier ministre devait reprendre en mains [...] »

Jean Charest a bien mesuré l'ampleur de sa mission. Il explique que le Premier ministre « avait besoin de quelqu'un qui ait la capacité de diriger une équipe parlementaire à l'échelle du pays et capable de mener audiences et débats dans les deux langues, et cela n'était pas simple. » Mais il a compris que sa responsabilité serait limitée puisque dès qu'il aura déposé son rapport, ce sera au Premier ministre Mulroney de prendre le relais.

Au début Jean Charest n'était pas attiré du tout par l'idée, il en connaissait exactement les conséquences, mais a accepté de relever le défi. George McLaren, une fois encore, sera au côté de son ami pour remplir cette tâche. À certains égards, la préparation du rapport et ses suites auront été pour Jean Charest plus durs à assumer que sa démission de janvier 1990.

En lui confiant la présidence de ce comité parlementaire pour tenter de relancer le débat autour de Meech, Brian Mulroney place Jean Charest à l'avant-scène constitutionnelle, dès l'été de 1990. Le choix de Brian Mulroney avait été évident, car :

« Jean Charest était le candidat le plus apte à remplir ces responsabilités. Il avait une expérience ministérielle, une grande expérience parlementaire [...] il connaissait magnifiquement les régions du pays et pouvait apporter une vision nationale. »

Des huit cents mémoires recueillis, le rapport dégagera trois thèmes : la question de la réintégration du Québec, la résolution d'accompagnement du Nouveau Brunswick et les préoccupations du Manitoba et de Terre-Neuve et Labrador. Mais l'impact et la durée de vie du rapport Charest sera, on le sait, de très courte durée. Dès le lendemain de sa publication, d'une part les commentaires fort négatifs émis par le Premier ministre québécois de l'époque, Robert Bourassa, tout comme ceux de Lucien Bouchard quant à la qualité de la rédaction « écrit comme un enfant d'école » contribueront à le reléguer aux oubliettes. Jean Charest considère qu'il a beaucoup appris sur la mentalité canadienne pendant la tournée effectuée pour l'occasion dans les diverses régions du pays. Il ne se montre donc pas blessé par l'échec qu'a subi son rapport, ayant quelque peu anticipé le sort qui lui serait fait. Il n'en demeure pas moins que l'opportunité qui lui a été offerte de travailler sur le dossier constitutionnel lui a donné d'excellents éléments d'analyse en la matière. L'expérience ainsi acquise lui servira dans le cadre de son évolution politique, puisqu'il fera du problème constitutionnel un élément fort de sa plate-forme politique.

Une fois encore Brian Mulroney reconnaît les mérites de Jean Charest « Bouchard s'était éclipsé de son propre chef, cette affaire est un livre en soi. Le comportement de Charest dans cette affaire était transparent et impeccable, mais le comportement des autres reste à examiner, vous savez ce que je veux dire... »

1991-1993 : Le retour au cabinet comme ministre de l'Environnement

Après le dépôt du rapport Charest, le gouvernement Mulroney est fortement secoué par la décision de Lucien Bouchard de claquer la porte et de fonder le Bloc québécois, exprimant ainsi sa désapprobation devant l'évolution du dossier constitutionnel. Il considérait que le milieu anglophone ne faisait toujours pas les ouvertures nécessaires à un possible retour du Québec dans le giron constitutionnel canadien.

Jean Charest devra attendre avril 1991, lors de l'avant-dernier grand remaniement ministériel, pour retrouver un poste de ministre. Ce sera pour lui l'occasion de prendre en main le ministère de l'Environnement, précédemment occupé par Lucien Bouchard. À ce titre, il présidera le Conseil des ministres de l'Environnement, poste qui est tenu à tour de rôle par les ministres responsables du fédéral, des provinces et des territoires du Canada.

Le sénateur Pierre-Claude Nolin décrit l'intervention de Jean Charest, dans ce comité purement consultatif, comme ayant été salutaire à cause de son influence sur le groupe. Il le dépeint comme un homme de compromis et d'ouverture, et plus particulièrement dans ce conseil :

> « Jean Charest a dit à ses homologues nous préparerons les ordres du jour en commun et nous déciderons les choses à partir de là. S'il y a des oppositions alors nous discuterons les objections [...] Aujourd'hui les décisions du Conseil des ministres de l'Environnement sont importantes et on sait que quand une décision est prise tout le monde est d'accord [...] C'est donc cela le style de Jean Charest. Moi je trouve cela génial. Et pas de comparaison avec Lucien Bouchard qui était beaucoup plus unidirectionnel lorsqu'il était ministre à Ottawa. »

De son passage au ministère de l'Environnement, on se souviendra surtout de sa participation au Sommet de la terre de Rio et du dépôt du *Plan vert*. Son chef de cabinet de l'époque, Philippe Morel le décrit en ces termes :

> « Au niveau du ministère il avait une vision et une capacité à appréhender les situations dans leur ensemble ou dans leurs détails avec une rapidité effroyable [...] depuis les fonctionnaires de ce ministère m'ont dit regretter cette période où le ministre avait une vision. »

Le séjour de Jean Charest à l'Environnement met fin au second purgatoire dans lequel l'avait plongé le rapport Charest. Lorsqu'il prend ses fonctions en avril 1991, il se retrouve à la direction d'un ministère-clé ; les questions environnementales occupent alors une place importante sur la scène politique. C'est un retour par la grande porte, car en plus de sa réintégration dans le cabinet, il participe au Comité des priorités.

Course à la chefferie 14-16 juin 1993

Dès le début de 1992, les milieux gouvernementaux bien informés connaissaient l'intention secrète du Premier ministre Mulroney de quitter la direction des affaires du pays au courant de l'été. En se retirant à cette période, soit environ un an avant la fin de son mandat, il donnait à son successeur potentiel le temps de faire ses preuves et de prendre en mains la machine du parti, évitant ainsi à son successeur d'être pris au piège comme l'avait été John Turner après le départ de Pierre Elliot Trudeau en 1984. Mais l'ouverture inattendue qu'offrait la conférence de Charlottetown change brusquement les plans établis. Mulroney se doit de rester aux affaires et de présider cette conférence, qui avait pour but de proposer au pays les bases d'une réforme de la Constitution. Suite au référendum de l'automne 1992, l'accord de Charlottetown sera rejeté par un « non » catégorique des Canadiens. Le départ de Brian Mulroney de son poste de Premier ministre et de chef du Parti progressiste conservateur, sera donc retardé jusqu'au 24 février 1993.

Kim Campbell n'attendra pas l'annonce officielle du départ de Mulroney pour manifester son intérêt à cette succession, car comme bien d'autres, elle sait que ce moment est proche. Jean Charest, par esprit de loyauté ne s'engage pas sur ce sentier. Fin janvier 1993, Mulroney procède à un dernier remaniement :

> « J'avais placé Barbara McDougall comme ministre aux Affaires étrangères parce que je pensais qu'elle se présenterait, je pensais que Valcourt se présenterait, de même que Campbell, et Charest [...] Enfin je pensais que l'on aurait une dizaine de candidats et je leur avais donné une promotion avec des changements de portefeuille. Lorsque les sondages ont montré que Mme Campbell partait favorite, cela a eu un impact sur les autres candidatures : Valcourt s'est retiré, puis Blais, et enfin Michael Wilson. Tous ces retraits n'avaient rien à voir avec moi, mon devoir était d'ouvrir la succession à tout le monde et c'est ce que j'ai fait. »

À ce sujet, Brian Melroney a tenu à préciser sa position quant au choix de son successeur : « [...] Je n'ai pas choisi Madame Campbell, c'est le parti qui l'a choisie, elle n'était pas ma favorite. »

Jean Charest attendra l'annonce officielle par son chef pour se lancer dans la course. Il ne fera part de ses intentions que le 16 mars suivant. Les pro-Campbell et les pro-Charest ne tarderont pas à croiser le fer. Mais l'équipe de Kim Campbell est déjà bien structurée quand Charest entre dans la course. N'ayant pas pris ses dispositions longtemps à l'avance, il ne s'était pas doté d'un fond de financement, nécessaire à ce type de campagne. Une fois de plus la direction du parti, ne va pas vers Jean Charest mais opte plutôt pour Kim Campbell. Ne se sentant pas abattu pour autant, il livrera une bataille acharnée pour prendre la place qu'il convoite depuis son entrée dans l'arène politique : celle de chef du Parti progressiste conservateur.

Me Jean Riou, qui deviendra peu après l'accession de Kim Campbell son secrétaire principal, livre le témoignage suivant :

> « Il y a eu très rapidement un consensus autour de Campbell, car il semblait au tout début le la campagne que sa victoire était assurée. Et là tous ceux qui auraient pu prétendre à la succession de Mulroney, comme Barbara McDougall par exemple, ou Perrin Beatty entre autres, ont préféré ne pas se présenter. Il ne faut pas oublier qu'en janvier 1993, elle semblait avoir tous les atouts pour l'emporter, c'était une femme. Ce qui dans le contexte d'alors tout comme celui d'aujourd'hui est un avantage majeur. Elle venait de l'Ouest, elle était jeune et elle parlait français [...] Elle semblait comprendre aussi le Québec et [...] avait de bons conseillers comme Gilles Loiselle. C'était donc un choix très logique. Si Bernard Valcourt et d'autres l'ont appuyé cela nous le confirme [...] elle semblait la meilleure. Personne n'a eu le courage de se lancer dans la campagne. Il est pourtant fort à parier que si d'autres candidats étaient entrés dans la course, elle n'aurait jamais gagné ou cela aurait été très différent. Comme elle s'est décidée la première, il y a eu un effet d'entraînement. Elle a commencé très haut, avec 90% des appuis [...] Elle a baissé constamment pendant la course vers le congrès, et a réussi à arrêter le dérapage durant la semaine du congrès. On a gagné. Mais elle est passée à un cheveu. C'était très serré. »

Encore une fois ; Jean Charest se bat farouchement mais l'histoire en décide autrement, l'appui que les membres du cabinet de Brian Mulroney portent à Kim Campbell laisse supposer que le chef démissionnaire soutient Kim Campbell. Pourtant, plusieurs initiés du monde politique pensent que le Premier ministre sortant aurait regretté le choix de Kim Campbell ; certains vont jusqu'à affirmer que s'il avait su...

Comme s'écroule un château de cartes, tous les candidats pressentis se retirent les uns après les autres et rejoignent le camp de Kim Campbell.

Jean Charest compte naturellement sur l'appui de ses amis de toujours. Il semble être assuré du support de son collègue acadien Bernard Valcourt ce qui aurait pour avantage de lui attirer une partie importante des délégués de l'Atlantique :

> « Je l'avais vu à Toronto [...] il était très clair qu'il allait m'appuyer, que c'était une question de fixer le moment approprié pour faire son annonce. On était ami, on avait des atomes crochus, on était du même cru. J'ai appris par la suite, au débat de Montréal, qu'il aurait dû annoncer son appui à Kim Campbell. Mais elle s'était *enfargée* sur la question des droits des minorités linguistiques [...] À l'issue de ce débat, on cherchait Valcourt. Alors qu'il devait se prononcer, il a plutôt préféré disparaître. Cela m'avait agacé et je m'étais demandé ce qui se passait. À Calgary, lors du troisième débat, on disait que Valcourt allait annoncer ce soir-là, qu'il allait m'appuyer. Quelques heures avant ce débat, il rendra publique sa décision de soutenir Kim Campbell. »

Jean Charest reçoit cette nouvelle comme un coup de couteau en plein cœur. Affecté, il perdra toute concentration et l'avantage qu'il avait acquis lors des débats de Toronto et de Montréal : « Ça a été un coup dur parce que j'avais eu des discussions avec Bernard et qu'il m'avait clairement laissé entendre qu'il allait m'appuyer. Sa décision a été une surprise, une déception juste avant le débat en plus, et ça m'a dérangé. »

Dès lors, les jeux étaient faits. Les dés étaient pipés.

Bernard Valcourt, quant à lui, explique sa décision par ces propos :

« À l'époque, j'avais été sollicité par beaucoup d'individus pour aller à la chefferie. Mais j'ai décidé que je ne serais pas candidat parce que je me trouvais trop jeune, [...] cette décision prise [...] je savais que Jean Charest entre autres — Kim l'avait annoncé avant — se faisait courtiser par certains membres du parti et du gouvernement pour qu'il pose sa candidature [...] Je devais prendre une décision entre Charest ou Campbell. J'hésitais parce que j'avais des raisons : Jean, je l'avais côtoyé au Cabinet [...] mais je le trouvais jeune, il lui fallait plus d'expérience. Campbell, j'avais aussi des réserves [...] et elle était handicapée par son manque d'expérience pour mener des campagnes. C'est à ce moment-là que Michael Wilson, Bill McNight et moi-même, avons durant la course à la chefferie tenté de convaincre Hugh Segal, le chef de cabinet de Brian, de devenir candidat. Après l'avoir rencontré à Toronto, il nous a donné une réponse négative. J'ai dû alors choisir entre Charest et Campbell. J'ai rencontré à trois reprises chacun des candidats. Cela m'a confirmé [...] que Jean avait besoin de plus d'expérience. D'où mon appui à Campbell. C'est sans doute le travail fait avec Wilson qui a coûté la chefferie à Jean Charest. Parce que si vous regardez les résultats, c'était très proche. Sur le coup Jean n'était pas heureux de ma défection. C'est normal. En rétrospective, il devrait maintenant me remercier parce qu'il aurait subi une cuisante défaite en 93. »

À l'issue du Congrès à la chefferie du Parti progressiste conservateur tenu du 14 au 16 juin 1993 à Ottawa, Jean Charest est battu au second tour, par Kim Campbell, par une courte avance de 187 voix : soit 1817 voix pour Campbell et 1630 pour Charest. Il s'incline encore une fois et tel un roseau, il plie mais ne rompt pas.

Du 25 juin 1993 jusqu'au soir de l'annonce du résultat catastrophique de la 35ᵉ élection générale canadienne le 25 octobre 1993, il cumulera à la fois les postes de vice-Premier ministre du gouvernement, de ministre de l'Industrie et des Sciences, et de ministre responsable du bureau fédéral du Développement régional.

Chef intérimaire et chef du PC

La cuisante défaite du 25 octobre 1993 ne laissera que deux sièges aux mains des conservateurs. Jean Charest regagnera pour une troisième fois son siège de Sherbrooke. Alors que Elsie Wayne de St John au Nouveau-Brunswick, pour sa part, fait un gain en Atlantique. Jean Charest est désigné chef intérimaire du Parti progressiste conservateur le 14 décembre 1993. Son travail acharné sera finalement récompensé par l'officialisation logique le 29 avril 1995 à la tête de la formation qui a commencé à reprendre espoir.

Quelle est donc cette force, cette motivation profonde, qui a tenu Jean Charest dans cette course frénétique contre la montre, dans cette recherche effrénée du pouvoir ? Pourquoi donc avoir accepté de relever un tel défi ? Pourquoi s'accrocher ?

Michèle Dionne, nous donne des bribes de réponses, quand elle affirme :

> « [...] Accepter la direction du parti [...] c'était s'engager dans une grande aventure, sans savoir trop où l'on allait, mais cela faisait plusieurs années que l'on était en politique et on se disait on va aller jusqu'au bout et on va essayer. Ah ! mais cela est une décision de couple, il faut que les deux soient d'accord avec cela. Je lui ai dit je t'encourage à y aller si t'as le goût [...] on va faire cela ensemble. Il y a eu des moments difficiles où l'on se demandait si l'on avait pris la bonne décision. »

Vers un nouveau parti : la Reconstruction

À son arrivée à la tête du Parti progressiste conservateur en décembre 1993, Jean Charest a trouvé une organisation plus que décimée, une dette que l'on évalue alors à 6 puis à 8 millions de dollars, et un parti sans programme. Charest se devait d'agir par étape. Il dut rapidement limiter le désastre financier. Quitter les bureaux de prestige à Ottawa a donc été une des premières mesures. Il lui avait fallu ensuite réduire le personnel à sa plus simple expression. C'était l'époque où Jean Charest pouvait dire et le rappelle à l'occasion :

> « À moi seul, j'étais le Parti progressiste conservateur. Je me souviens du jour où quelqu'un me demanda de passer un message à mon attaché de presse et à mon chef de cabinet et je lui avais répondu "le message est déjà fait, vous parlez aux deux en même temps et de surcroît au chef" ! »

Jean Charest s'attelle à la tâche. Pendant trois ans et demi, presque seul, il reconstruit un parti à l'agonie. Il est boudé par la presse qui n'a d'yeux que pour le Bloc québécois et le Parti réformiste, deux partis à vocation régionale. N'ayant pas de réelle représentation en Chambre, il préfère jouer la carte de la reconstruction, voyageant « dans un train d'enfer » aux quatre coins du pays. Ses qualités de rassembleur et de *leader* naturel vont l'aider dans sa tâche. Jean-Bernard Bélisle, son conseiller organisationnel et considéré par certains comme son bras droit témoigne :

> « [...] Il a fait un travail extraordinaire [...] de vendeur missionnaire qui s'en va sur la route et doit tout expliquer pour vendre son produit qui n'est pas connu. Il s'est retrouvé avec un parti qui s'appelait conservateur, mais pas progressiste conservateur. Les premières années de son *leadership*, il me l'a dit, et il va vous le dire, ce furent des années

très enrichissantes mais combien dures. Il partait sur la route, il n'était pas attendu et se retrouvait devant des petites salles répétant sans cesse son message [...] il était un chef de parti sans programme. »

Les premiers mois de 1994 furent consacrés à la reconstruction d'un parti. Le nouveau Parti progressiste conservateur se devait d'être moderne et dynamique. Jean Charest jouait contre la montre. Dès cette époque, il entrevoit avec crainte le jour où le Premier ministre Chrétien déclenchera des élections hâtives. Il sait que le travail de reconstruction qu'il anticipe ne sera pas achevé avant 1998. Pour lui, le plus avantageux aurait été que le Premier ministre aille jusqu'à l'extrême fin de son mandat, soit octobre 1998.

Mme Suzanne Poulin explique ce qu'étaient les 3 R de la priorité de reconstruction du parti du jeune chef conservateur, et comment l'annonce des élections du 2 juin 1997 en a bousculé les plans :

« Jean Charest avait toujours dit : ils vont faire l'élection plus tôt que plus tard, pour ne pas nous donner de temps. Dans notre plan des 3 R, que nous avions annoncé en février 94 : le premier R pour le travail de *Restructuration du parti* s'était achevé lors du congrès national qui s'est tenu à Hull en avril 1995. Le deuxième R, pour la *Réflexion et l'orientation politique du parti* et pour la refonte des politiques et du programme électoral s'était achevé lors du congrès d'orientation de juillet 1996, à Winnipeg [...] En avril 97, nous nous mettions un terme à ce deuxième R. Malheureusement, le troisième R, pour le *Retour au pouvoir* devait commencer [...] nous devions mettre en place l'organisation de terrain et tous nos efforts devaient être consacrés à cette question. Même si l'on s'attendait à des élections hâtives en 97, nous avions besoin d'une année de travail supplémentaire avant de penser au retour au pouvoir. N'oubliez pas que l'on partait de loin »

Pour se lancer dans cette campagne électorale, il demandera à Leslie Noble et Alister Campbell de préparer un projet de plate-forme politique. Car Jean Charest a compris que s'il veut s'assurer une réelle reprise en main du parti et le faire renaître de ses cendres, il doit jouer la carte de la jeunesse et ancrer le parti autour de la génération des 20-35 ans. Génération qui face au chômage et à l'avenir incertain peut s'identifier à un *leader* jeune, qui lui ressemble.

Me Jean Riou explique ce renouvellement des membres du Parti progressiste conservateur comme : « [...] un phénomène normal en politique, quand il y a un changement de génération ».

Le départ massif des rangs actifs du parti, de la vague des militants de 1984, force donc Jean Charest tout au cours de son effort de reconstruction à recruter de nouveaux membres. Il centre donc ses objectifs en direction de la génération montante. Selon Anie Perreault, en 1997, 45% de la moyenne d'âge des membres en règle du parti ont entre 25 et 35 ans.

De façon générale, on reconnaît que la transition Campbell-Charest s'est bien passée, même si certains considèrent qu'un effort plus important aurait pu être fait envers les ex-sympathisants du camp Campbell. Rien de comparable à la lutte de tranchée qui avait suivi la convention au *leadership* de 1983, lors du passage de l'ère Clark à l'ère Mulroney, qui laissa pendant longtemps des blessures profondes au sein du parti.

L'ex-député conservateur de Témiscamingue de 1984 à 1993, Gabriel Desjardins, décrit cette période en ces termes :

> « Après la déconfiture de 93, nombreux sont ceux qui ont tourné complètement la page, ne voulant plus rien savoir de la vie politique. Dans mon cas, j'avais du temps et je croyais en Jean, puisque je l'avais appuyé à la course à la

direction. Je me disais que s'il avait des projets cela pouvait être intéressant de l'épauler et je me suis présenté à la présidence de l'aile québécoise en novembre 1994 lors d'un congrès. J'ai été élu sans opposition [...] et j'ai fait le voyage de reconstruction mais rien à comparer avec ce que Jean a fait durant les trois dernières années. Pour lui ce fut un voyage mené à un train d'enfer à travers le pays. »

Début 1997, l'essentiel de sa tâche n'est pas encore accomplie : l'organisation sur le terrain reste à faire. Sentant que les stratèges politiques de Jean Chrétien ont définitivement choisi de se diriger vers une campagne précoce, Jean Charest n'hésite pas de son côté à engager son parti dans une précampagne électorale. Dans chaque région du Canada les organisations conservatrices lancent des thèmes de discussions régionales. Finalement, Jean Charest montre ses couleurs en mars 1997 quand il dévoile à Toronto un programme au titre prometteur : *Que l'avenir commence*. Ce programme découle directement de la rencontre de Winnipeg de 1996 et des recommandations de sa Commission politique.

Avec l'ère Charest, le vieux Parti progressiste conservateur semble avoir désormais tourné la page et repartir, après une traversée du désert, vers la reprise du pouvoir.

Pour cela il peut compter désormais sur un nombre d'adhérents en règle qui avoisine les 97 000 et 100 000 membres qui sont sur la liste des membres retardataires. Sans pouvoir parler de la *big blue machine*, il peut compter sur des membres qui sont jeunes, dynamiques et qui ont envie de prendre une revanche à la suite de la défaite de 1993.

La campagne de 1997

La campagne électorale qui a conduit à l'élection du 2 juin 1997 a été une période très intense pour l'équipe Charest, et ce, à tous les points de vue. Jean Charest et son épouse, ses proches collaborateurs tels Suzanne Poulin, Jean-Bernard Bélisle, son coprésident de campagne Jean-Guy Hudon et François Pilote son organisateur en chef au Québec ont travaillé dur, sept jours sur sept, dans des conditions pas toujours faciles et parfois même précaires. Fini le temps des jets nolisés. L'autobus a remplacé l'avion partout où c'était possible. L'équipe roule à travers le pays pour défendre le projet politique de Jean Charest.

Jean Charest a d'une campagne électorale une vision bien précise :

> « [...] je suis prêt à faire ce qu'il faut pour gagner. Gagner quoi et pourquoi ? Il y a des enjeux qui sont à plus long termes, qui moi, m'intéressent et il s'avère qu'il s'agit de l'avenir du pays. Moi, gagner une campagne électorale pour perdre le pays, c'est ce qui me semble être le plus futile, inutile et stupide dans une carrière politique. Ma réussite ne se mesurera pas dans une campagne, mais lorsque j'aurai réussi moi, comme Premier ministre, à léguer à mes enfants le pays que je pense être le pays qu'ils méritent. J'aurai réussi à forger un sens à l'identité canadienne [...] Le reste c'est secondaire [...] Aujourd'hui, c'est la capacité que nous avons d'intéresser des gens à des choses que nous pensons être importantes, parce qu'on est capable de faire bouger l'opinion publique qui m'intéresse. D'autres voient cela comme un laboratoire ou un terrain neutre, où l'on a qu'à faire des observations et suivre la foule. D'ailleurs les dossiers les plus intéressants arrivent parce qu'il y a des gens qui ont une volonté très déterminée de faire en sorte que l'on avance. Le reste ne m'intéresse pas. Si la politique n'est que de faire de la lecture de sondage puis suivre la foule, pourquoi moi plus qu'un autre ? Si l'on veut gagner, il faut gagner pour les bonnes raisons. Gagner pour gagner, c'est un coquille vide. »

Le Parti progressiste conservateur a dès le départ un grand avantage, son chef possède dans les médias canadiens une bonne image. Sa facilité à communiquer et à exprimer clairement ses idées, sa prestance physique est indéniable sur bien d'autres politiciens canadiens de l'heure. Toujours affable quand on le rencontre à l'improviste, il sait se montrer d'une grande disponibilité face à la presse. Sa force principale est son don d'orateur et de communicateur. Dans les débats télévisés en français comme en anglais, il semble l'emporter grâce à un discours posé et à l'image de confiance qu'il inspire auprès des électeurs. Il aura marqué la campagne par ses prestations aux débats des chefs, pendant lesquels il est apparu aux yeux de tous, comme un homme calme et serein, capable d'argumenter sur tous les sujets avec tous ses opposants et ceci sans la moindre difficulté, et sans prendre de risques majeurs qui auraient pu mettre en péril la situation déjà fort précaire que connaissait son parti sur le terrain.

Si au cours de la campagne Jean Charest et ses troupes ont globalement bien joué leurs cartes, il faut reconnaître que les médias sans avoir été négatifs à l'endroit des conservateurs, ont traité la campagne menée par cette formation de manière secondaire par rapport au traitement médiatique réservé aux libéraux à travers le pays, aux réformistes dans l'Ouest et au Bloc au Québec. Mais peut-on vraiment leur reprocher, puisque cette formation ne comptait alors que deux élus aux Communes.

Mais les médias lui ont quelquefois joué de mauvais tours, tel l'épisode malheureux de la caricature que fit circuler le Parti réformiste, représentant Jean Charest sur les genoux de Mulroney. À la base de cette caricature des propos de Jean Charest à Lysiane Gagnon du journal *La Presse,* où il faisait part de ses relations avec l'ancien chef conservateur, Relations que la journaliste avait traduit dans son article du 27 mai 1997 comme une «relation père-fils», une image dont s'emparèrent ses adversaires politiques. Selon Suzanne Poulin, lorsque le lendemain « Mme Gagnon a corrigé ça, il était trop tard le mal était fait... »

Dès le départ de la campagne, les sondages lui sont très favorables. Sa côte de popularité est supérieure à celle de tous les autres chefs de parti. Comme toujours, il demeure confiant en sa bonne étoile et défend un programme axé sur ses thèmes favoris : l'emploi, la sécurité sociale et la place des jeunes dans la société canadienne. Les sondages internes lui permettent d'espérer remporter au moins 35 sièges au Québec et entre 45 à 50 sièges au Canada.

Quant au choix des candidats pour l'élection générale de juin 1997, il faut reconnaître l'absence des grandes figures du parti qui n'étaient pas au rendez-vous. Que dans certains cas, le choix des candidats a été difficile. Ce qui rappelle que la crédibilité du Parti progressiste conservateur est encore fragile. Cependant, avantage de l'inconvénient, les candidats qui représentaient le Parti progressiste conservateur avaient comme caractéristique principale d'être très jeunes. Cette élection se sera traduite comme un galop d'essai pour Jean Charest, et de nombreux candidats. Elle aura été en quelque sorte formateur pour l'avenir du parti.

Jean Charest a donc mené sa campagne dans le cadre du programme politique de 1996 du parti puis de la plate-forme électorale présentée dans le cadre de la campagne de 1997. Il a accepté de reprendre à son compte cette demande de l'aile jeunesse qui voulait que le parti s'engage à réduire les impôts de 10% afin de soutenir une relance économique, comme l'avait déjà fait Mike Harris en Ontario. Pourtant un an plus tôt, nous dira Yanik Deschênes — ex-président des jeunes PC du Québec et ex-candidat dans Laurier Ste-Marie en 1997 —, cet objectif de réduction d'impôt n'était pas du tout l'approche voulue par Jean Charest, mais « on l'a convaincu et il a cogné là-dessus ».

Pour maintenir le rythme de la campagne électorale, Jean Charest défend ses thèmes favoris : l'unité nationale et la jeunesse.

Depuis que Jean Charest s'est lancé en politique, au début des années quatre-vingt et certainement du fait qu'il était alors dans le début de la vingtaine, un thème s'est naturellement offert à lui, celui de la jeunesse. Par la suite, loin de se montrer insensible à ce sujet, il a toujours su l'utiliser, comme l'une de ses principales raisons d'être en politique. Jean Charest s'en fait une marque de commerce. La jeunesse est aux yeux de ses proches collaborateurs et de ses observateurs l'une de ses deux raisons d'être politique. Pour reconstruire le parti, il a donc cherché a attirer vers lui à l'échelle canadienne, les éléments de la jeunesse (25-35 ans), qui demeurent fédéralistes, bien que la majorité de cette tranche d'âge, au Québec, affichent plutôt une sensibilité péquiste ou bloquiste. À l'inverse le Parti libéral provincial se caractérise par un *membership* plus proche de la tranche d'âge des *baby-boomers.*

Gabriel Desjardins, ex-député conservateur confirme cette hypothèse :

> «Sur le plan politique Jean Charest c'est un batailleur, c'est un lutteur. Mais c'est aussi un idéaliste, quelqu'un qui a des projets qui croit beaucoup en ses capacités de *leadership* malgré son jeune âge. C'est cela qui m'a toujours fasciné en lui. L'âge n'a jamais été un empêchement pour lui de s'affirmer, de croire en ses possibilités, d'amener avec lui des gens comme moi, des gens d'un peu d'expérience et surtout, beaucoup des jeunes qui ont partagé ses idéaux politiques et de les embarquer dans cette machine politique qu'était le PC.»

Bernard Valcourt tient à peu près le même discours et pense qu'avec Jean Charest beaucoup de jeunes, dans les

Maritimes, ont embarqué «et cela c'est un signe précurseur, parce que ces jeunes-là commencent à travailler et à payer des taxes, et ils deviennent des sympathisants [...] Jean Charest s'est fait beaucoup d'amis».

L'unité nationale est un autre cheval de bataille sur lequel Jean Charest mène sa lutte politique. Jean Charest est un fédéraliste convaincu et axe tous ses efforts sur l'unité du pays. C'est principalement au cours de la campagne référendaire québécoise de 1995, qu'il s'est taillé cette image de tribun, défenseur de l'idéal fédéraliste. Certes, la tâche n'a pas été facile pour lui. Il a dû se faire une place au sein d'une équipe largement formée de libéraux provinciaux et fédéraux. Mais ayant su faire, au niveau des médias, passer ses idées il s'est très rapidement forgé une place de choix au sein du «camp du non», où encore fois, il a su tenir sa place lors des débats publics. Il est toujours aussi convaincu de la qualité de son programme constitutionnel et ne semble pas s'inquiéter, reconnaissant lui-même que celui-ci n'est pas populaire. Ses adversaires reconnaissent qu'à l'occasion des débats il a été redoutable. Sans jamais s'emporter, il a réussi à avoir le dernier mot.

Madame Suzanne Poulin commente les bons et les mauvais côtés de la campagne électorale et les élections du 2 juin en ces termes :

«[...] Nous avions d'abord un handicap qui était d'avoir un porte-parole pour trois cents comtés, et de plus, avec une campagne raccourcie à trente-six jours. Au départ, on se demandait comment on allait faire parce que tous les candidats croyaient en leur chef, et espéraient sa visite. On savait donc que l'on aurait à gérer un paquet de demandes, qu'on ne pourrait répondre à toutes au cours des trente jours qui restait et au cours desquels on pouvait réellement travailler. Le défi était de taille. Nous n'avions aucune journée de relâche. On a utilisé les décalages horaires en notre faveur. Physiquement c'était très très exigeant. Pour nous, le facteur temps était le point majeur. On était conscient de la force de notre chef et on cherchait à le mettre sur un maximum de tribunes parce que nous savions que pour les gens, voir Jean Charest c'est un vote acquis, cela grâce à son charisme [...] Pendant la campagne, on a eu un *stress* continu, et c'était excitant parce qu'on partait de loin. Les attentes étaient à un niveau tel que personne ne nous donnait vraiment de chances. On a eu une très belle campagne [...] Jean Charest n'a rien à se reprocher [...] En campagne, sur le terrain il est extraordinaire. Il est intéressant de noter que les journalistes qui ont suivi les tournées, quand ils arrivaient avec nous, ils trouvaient que c'était incroyable : "c'est le jour et la nuit votre campagne comparativement à celle de Chrétien ou du Parti réformiste". Jean était très proche des journalistes, très accessible. Avec Jean Chrétien, c'est sûr que c'est le Premier ministre, et il y a la barrière de la GRC. Alors que Jean est très spontané dans ces situations-là, il circule dans l'avion, il blague, il prend le micro pour faire toutes sorte de blagues. Et les journalistes nous disaient : "on sent une grosse grosse différence entre vous et les autres" ».

L'autopsie d'une élection

Mais si le Parti progressiste conservateur a fait une remontée spectaculaire en terme de sièges obtenus à l'occasion des élections générales de 1997, on est en droit de s'interroger sur la performance réelle du parti dans le cadre de ces élections fédérales. Plus symptomatique encore est de constater que plusieurs militants conservateurs semblent au lendemain de ces élections si démoralisés qu'ils se demandent s'ils n'ont pas assisté à la dernière campagne de cette formation !

Ces craintes peuvent sembler en soi fortement exagérées, car si effectivement les résultats escomptés n'ont pas été atteints en nombre de sièges, en nombre de voix, on ne peut que constater une remontée spectaculaire du parti de

Jean Charest. Car le système électoral canadien basé sur un vote pluraliste à un tour, a eu comme résultat que des partis régionaux tels le Bloc québécois ou le Parti réformiste, ont obtenu, au niveau national, un support électoral faible, mais majoritaire dans des régions spécifiques, se traduisant par une meilleure représentation aux Communes en nombre de députés. Des données que les stratèges conservateurs prennent en compte, mais sur lesquelles ils n'ont pu influer.

Mais il est vrai que les attentes au sein du parti étaient grandes. Au point où Jean-Bernard Bélisle, un des plus haut responsables de l'organisation de la campagne parle sans détours de son issue en des termes peu complaisants : « on sort d'une défaite » :

> « C'en est une ! Même si le public reconnaît que c'est toute une amélioration [...] Les gens pensaient que l'on était mort. Jean Charest, vous savez, quand il a accepté de prendre la direction du parti, tout semblait bien fini. Donc, nos attentes étaient beaucoup plus élevées que cela. Si vous me demandez si l'on se satisfait de ce que l'on a, eh bien pas du tout. À une semaine des élections au Québec, on avait de 25 à 30 comtés gagnants.

On peut considérer plusieurs raisons principales pour expliquer ce « relatif échec » électoral.

— L'assise électorale conservatrice normale pancanadienne s'est toujours située entre 20-25%, alors que celle du Parti libéral a toujours oscillé entre 30-35%. Le seuil électoral pour faire élire un gouvernement majoritaire se situe entre 35 et 40%. Ce qui signifie que pour s'assurer une victoire électorale, les conservateurs doivent gagner 10% d'électeurs « mous » ; les libéraux n'ayant quant à eux, uniquement besoin de courtiser et gagner 5% d'électeurs supplémentaires, en sus de leur électorat captif.

— La multiplicité des partis régionaux (bloquistes et réformistes). Le vote à l'échelle nationale trop disséminé, est devenu un handicap majeur pour un parti national comme le Parti progressiste conservateur qui obtint en nombre de votes le deuxième meilleur score et qui au soir des élections du 2 juin, n'a pu le traduire en sièges, les votes enregistrés à l'ouest du Québec ne lui donnant aucun poids dans le cadre parlementaire. Le mécontentement de l'électorat conservateur de l'Ouest plus radical s'est divisé en glissant d'une part vers le Parti réformiste, alors que d'autre part sur son flanc "gauche" la tendance *Red Torry*, a été attirée par le Parti libéral, ce qui fut le cas de la région métropolitaine de Toronto par exemple.

— Le discours électoral du Parti, n'a pas été suffisamment accessible. Le fait que le programme ait été dévoilé, en mars 97 à Toronto, soit près de 3 mois avant la date du scrutin n'a pas été la stratégie la plus appropriée. À ce sujet certains membres influents du parti ont laissé entendre que Jean Charest avait dévoilé son programme trop rapidement. Mais ce dernier demeure convaincu du contraire et pense qu'il aurait dû le faire plus tôt! Il est certain que de dévoiler trop rapidement un programme laisse la place libre aux attaques de l'adversaire. Par contre, les électeurs sont en droit de se faire une idée juste sur le programme du parti. D'avoir le temps d'en faire une analyse approfondie est une bonne chose, mais à l'heure des médias électroniques et de l'internet, où une nouvelle chasse l'autre, on peut s'interroger à savoir combien de gens ont voté le 2 juin en se souvenant précisément d'un ou de deux thèmes de la plate-forme électorale conservatrice.

— Les thèmes électoraux : à la veille de l'élection de 1997, les proches de Jean Charest ont opté pour une ligne de conduite plus populiste qui consiste à dire à l'électorat ce qu'il veut entendre, plutôt que de défendre les grandes lignes du programme politique du parti établi à Winnipeg. Certains lui reprochent de ne pas tenir compte des thèmes qui sont les plus chers à l'électorat canadien, en intégrant à son discours un message plus provincial et ajuster son discours électoral d'est en ouest.

— Le projet conservateur en matière constitutionnelle ne semble pas avoir eu d'impact auprès de l'électorat qui n'a pas vu dans le projet conservateur un moyen susceptible de démêler la crise. La lassitude face aux projets de réforme constitutionnelle qui n'aboutissent jamais en est la raison principale, tout comme la polarisation en fin de campagne, due aux propos de Jean Chrétien. Ces déclarations du Premier ministre sortant quelques jours avant le vote, portant sur le refus par le gouvernement fédéral d'accepter les résultats d'un éventuel référendum gagné à 50% plus une voix par le Oui, ont ressoudé, au Québec, les forces souverainistes dont l'électorat peu sensible au charisme du *leader* du Bloc québécois Gilles Duceppe, s'était dispersé durant la campagne et a favorisé le vote en faveur des candidats du Bloc québécois.

En Ontario, où le vote est essentiellement économique et non politique comme au Québec, on a assisté à un raz de marée libéral, dans une province pourtant dirigée par un conservateur. Outre l'impact — comme nous le précisera Jean-Bernard Bélisle — des propos de Jean Chrétien qui ont repolarisé la campagne sur la souveraineté du Québec et ramené l'électorat ontarien vers le Parti libéral du Canada, le message économique à l'échelle nationale du Parti progressiste conservateur n'a pas eu l'effet escompté dans cette province. Car, les politiques mises en place par le gouvernement provincial conservateur de Mike Harris, bien plus à droite que Jean Charest, comme la réduction du taux d'imposition provincial pour stimuler l'économie, et les politiques fédérales en matière de relance économique dictées par le ministre Paul Martin ont permis à l'économie ontarienne une croissance plus sensible que dans les autres régions du Canada. Ainsi la concordance des politiques économiques fédérales et provinciales semblent avoir porté fruit dans cette province, et a donc bénéficié aux libéraux fédéraux.

Le choix de Jean Charest et de ses collaborateurs d'éviter la polarisation du débat autour de la question constitutionnelle aura été une erreur de stratégie grave au cours de la campagne.

— Les sondages qui ont émaillé la campagne, ont faussé la réalité du poids politique du vote conservateur.

On ne peut ignorer par exemple l'impact du sondage CROP dévoilé le 25 avril 1997, soit quelques jours avant le déclenchement de la campagne électorale. Ce sondage a certainement eu une influence dès les premières heures de la campagne. S'il est exact que les résultats montraient que la côte de popularité de Jean Charest était supérieure à celle de ses adversaires, les spécialistes des méthodes de sondage s'interrogent sur la méthodologie retenue dans la construction du questionnaire, En effet celle-ci a pu influencer la réponse des personnes interrogées.

Pour certains de ces spécialistes le fait que l'on ait placé «toutes les questions ayant une relation avec le *leadership* immédiatement avant la question de l'intention de vote» a pu fausser l'intention réelle des personnes interrogées. En effet, après avoir indiqué leur sympathie envers Jean Charest les personnes questionnées étaient invitées à donner le choix qu'elles feraient le jour du scrutin. Les personnes sondées étaient piégées et se devaient, si elles étaient logiques, d'opter pour le parti de Jean Charest.

Ces erreurs de méthodologie ont donc surestimé la place réelle occupée par les conservateurs dans les intentions de vote. Et ont créé une attente chez les sympathisants conservateurs qui ne s'est pas reflétée dans les résultats finaux entraînant un sentiment d'échec ou de déception chez certains d'entre eux.

— Le choix des régions sur lesquelles la campagne conservatrice s'est portée, est aussi matière à s'interroger. On peut faire une analogie de l'impact de la présence régionale des chefs dans le résultat électoral. Ainsi au cours de la campagne de 1988, le tiers de la tournée du chef conservateur s'était déroulée au Québec. En 1997, Jean Charest pour sa part a passé davantage de temps dans les Maritimes. Ainsi nombreux parmi les militants conservateurs sont ceux qui relèvent la faiblesse de l'organisation de terrain au Québec, en particulier dans certaines régions éloignées.

Ces différents points montrent peut-être qu'à force de n'avoir pas voulu casser d'œufs, Jean Charest n'a pu faire la grande omelette tant attendue.

Pour conclure, il nous faut revenir sur les problèmes de communication au sein du Parti progressiste conservateur. Problèmes essentiels pour toutes les formations politiques et qui semblent être un des handicaps de ce parti : communication chef/base, communication interne, communication avec les médias.

En effet, si Jean Charest apparaît comme un communicateur-né, le parti en lui-même semble avoir de nombreuses failles. Si comme nous l'avons mentionné à plusieurs reprises, Jean Charest est un homme affable avec les médias, vouloir aborder Jean Charest dans un cadre plus restreint et tenter de développer une relation plus approfondie sur un ou des thèmes précis est une affaire beaucoup plus délicate. Tout d'abord atteindre Jean Charest à son bureau n'est pas une chose aussi facile que ce qu'on le souhaiterait. Cela ne veut pas dire que Jean Charest se refuse à s'ouvrir aux médias, mais c'est plutôt que l'entourage de Jean Charest semble vouloir contrôler l'accès au chef et donc contrôler son accès aux médias. L'analyste en communication Barry

McLoughlin se demande pourquoi son entourage semble si peu disposé à développer des stratégies de communications, nécessaires désormais au Parti progressiste conservateur pour mieux se faire connaître et ainsi donner l'image exacte de ce parti qu'il a rebâti depuis le début de 1994.

Mais l'attitude même du jeune chef conservateur, qui semble toujours assuré d'avoir l'heure juste constituerait un des aspects qui pourrait devenir inquiétant pour son avenir politique. On constate que son jugement est basé sur l'avis d'un groupe de conseillers restreints ou d'amis proches. Il fait donc des choix personnels — les conservateurs parlent plus de « sa » campagne plutôt que de celle de leur parti — face aux thèmes à promouvoir, même s'il endosse ceux du parti. Devrait-il revoir sa position et faire un compromis avec l'électorat pour gagner sa prochaine élection ? Les électeurs auront le dernier mot au siècle prochain, à moins que...

L'HOMME ET SES PASSIONS

Carte de souhaits officielle du député de Sherbrooke (1995) : Alexandra, Jean, Antoine Michèle et Amélie.
© Collection *La Tribune*

Moment de détente sur la pelouse à North Hatley (1992): Antoine, Jean, Michèle, Amélie et Alexandra.
© *La Tribune*

«Jean Charest aime lire, et cela a toujours un rapport avec la politique» dit Michèle Dionne.
© *La Tribune*

Le ski est l'un des passe-temps des Charest. L'été Jean pratique le ski nautique (1989).
© *La Tribune*

Jean Charest cuisine volontiers quand la famille reçoit.
© *La Tribune*

Les fins de semaine se passent régulièrement en Estrie pour Jean Charest, où il aime revenir pour s'y détendre et retrouver ceux qui l'aiment.
© *La Tribune*

Jean Charest ne se cache pas de son nom de baptême, seul ses adversaires s'en font des gorges chaudes.
© *Henri Motte*

«Un homme politique doit se questionner sur sa possibilité de démissionner une fois par jour. Mais je ne pense pas que ce soit souhaitable et je suis toujours déterminé à rester.» Jean Charest.
Entrevue aux auteurs à Sherbrooke le 29 août 1997.
© *Monique Guillot*

LA PLACE DE MICHÈLE DIONNE

«On avait 15 et 16 ans quand on s'est connu. Nous étions à la même l'école; au bout de sept ans on a fait le grand saut, on s'est marié...» Michèle Dionne
En entrevue avec les auteurs à Sherbrooke le 28 août 1997.
© *Henri Motte*

Michèle et Jean Charest devant le Parlement.
© Collection *La Tribune*

Michèle Dionne s'implique à l'occasion de nombreuses activités partisanes et sociales, ici à l'occasion d'un souper bénéfice en 1993.
© *La Tribune*

Campagne électorale 1997.
© *Parti progressiste conservateur*

Retour de Michèle Dionne et Jean Charest dans le comté de Sherbrooke le soir du 1er juin 1997 à l'issue de la campagne électorale. Claude «Red», Amélie, Michèle et Jean Charest. © *Parti progressiste conservateur*

Rallye de clôture dans Ahuntsic, le 1er juin 1997.
© *Alain Roberge*

Souvenir de campagne avec le candidat conservateur dans Québec-Est Marquis Gagnon candidat, Michèle, Jean Charest et Sylvain Falardeau organisateur.

Lancement de la campagne électorale de Jean
Charest dans Sherbrooke en 1988.
© *La Tribune*

Ministre de l'Environnement (1992).
© *La Tribune*

Jean Charest, ministre de l'Industrie et des Sciences et
responsable du bureau du développement régional en
compagnie du ministre Yvon Picotte du Québec (1993).
© *La Tribune*

Jean Charest défend avec force les
mérites de l'Accord de Charlottetown
à l'automne 1992.
© *La Tribune*

Le *leader* du Parti progressiste conservateur à l'occasion d'une conférence de
presse en 1996.
© *La Tribune*

Lancement du programme électoral conservateur
et *Que l'avenir commence* à Toronto en mars 1997.
© *La Tribune*

Le travail des dossiers locaux
demeure une préoccupation
capitale pour Jean Charest.
© *La Tribune*

LE POLITICIEN EN ACTION

Les signataires du programme de modernisation de l'usine de la Domtar à Windsor en avril 1985.
Adrien Péloquin, maire de Windsor, Marcel Masse, représentant le Premier ministre Mulroney, René Lévesque, Premier ministre du Québec, Carmen Juneau, députée provinciale et Jean Charest député de Sherbrooke.
© Collection *Adrien Péloquin*

Petit caucus entre le PM et le député de Sherbrooke à la Conférence des Premiers ministres du Canada de Vancouver de 1984.
© *Gouvernement du Canada -* Collection *Jean Charest*

Assermentation en tant que ministre de la Condition physique et du Sport amateur en 1988.
© *Gouvernement du Canada* Collection *Jean Charest*

Campagne référendaire sur l'Accord de Charlottetown, octobre 1992.
© Collection *La Tribune*

Les candidats conservateurs de l'Estrie en conférence de presse (1993) Jocelyn Compagnat (Shefford), Francine Vincelette (Brome-Missisquoi), Jean Charest, (Sherbrooke), Yvon Coté (Richmond Wolfe), Gilles Goddard (Mégantique).
© *La Tribune*

Yanik Deschênes adresse ses remerciements au Chef conservateur à l'issue du référendum québécois de 1995 (1 déc. 1995).
© *Steve Tremblay*

Un parti de jeunes, les candidats conservateurs de la région de Montréal entourant le chef Jean Charest le 1 juin 1997, Yanik Deschênes (Laurier Ste-Marie), Anie Perrault (Joliette), Tom Davis (Westmount Ville-Marie), Dominique Dupuis (Terrebonne Blainville), Josée Bélanger Lasalle Émard), John Hachey (Notre-Dame-de-Grâce Lachine). ©*Alain Roberge*

Rallye électoral dans Laval au cours de la campagne électorale de 1997.
© *Parti progressiste conservateur*

Chapitre 3

Conservateur ou progressiste ?

Un pragmatique plus qu'un idéologue

Jean Charest dont on vante la très grande curiosité se veut au fait de tous les aspects de la vie sociale et politique. Lecteur boulimique de la presse quotidienne depuis son adolescence — passion qu'il a élevée au rang de discipline intellectuelle —, cette soif de lecture lui permet de glaner l'information et de se tenir au courant des moindres événements qui se passent sur la scène politique nationale ou internationale.

Le chef conservateur appartient à une famille politique plus par tradition que par dogmatisme. On peut difficilement, selon ses proches, l'identifier à un «modèle politique» auquel il aimerait se référer ou suivre. Malgré son excellente connaissance des idéologues qui ont forgé l'âme du Parti progressiste conservateur depuis les débuts de la Confédération canadienne, Jean Charest ne veut pas apparaître comme l'héritier d'une lignée de penseurs conservateurs. Les noms qui reviennent le plus régulièrement dans ses propos sont ceux de ses contemporains et prédécesseurs, tels Robert

Stanfield, Joe Clark ou Brian Mulroney. C'est de Joe Clark, qu'il consulte régulièrement, qu'il semble être le plus proche politiquement, alors que la place et le rôle de celui-ci au sein du Parti progressiste conservateur est sur son déclin. Aujourd'hui encore, il considère que :

> «Sur le plan des idées, Clark a fait un travail exceptionnel. Il évoquait bien ma vision du Canada [...] Clark s'était attiré beaucoup d'appui au Québec, à un point tel que dans la course au *leadership*, il a obtenu plus d'appuis au Québec que Mulroney en 1983 [...] Ce qui m'intéressait dans sa vision c'est son concept des communautés, même s'il n'était pas clairement défini, Joe Clark nous amenait vers un fédéralisme qui reconnaissait nos identités. Ce qui me semble fondamental [...] Joe comprenait et voyait l'autonomie des provinces».

Selon Jean-Bernard Bélisle, Jean Charest classe son prédécesseur : «Parmi ses modèles politiques. Il a un grand respect pour Brian Mulroney pour deux raisons : c'est un homme qui sait réunir, regrouper tout le monde et qui a réalisé de grandes choses, tel le libre-échange.»

S'il n'appartient pas à un courant de pensée politique bien précis au sein du Parti progressiste conservateur, Jean Charest ne semble pas, non plus, avoir de maîtres à penser. À l'inverse des politiciens traditionnels qui puisaient leurs idéaux politiques dans des références philosophiques ou chez les grands politiciens qui les ont précédés. «C'est un gars qui a un bon jugement [...] mais ce n'est pas Jean-Jacques Rousseau ni Charles De Gaulle», précise encore Jean-Bernard Bélisle. En fait, il se rattache plutôt à ces jeunes politiciens actuels qui, associés de fait à un courant de pensée de droite ou de gauche, peuvent très bien s'inspirer d'idées venant de tendances apparemment divergentes pour ne pas dire opposées. Politiquement Jean Charest est un homme de droite modérée, tout en se tenant à distance d'une droite trop radicale (la tendance réformiste) ou des courants plus à «gauche», qui ont voulu donner à l'État de larges responsabilités sociales, en particulier sous l'ère Trudeau (la tendance libérale).

L'une de ses deux grandes préoccupations, avec l'unité nationale, demeure, sans équivoque, le développement d'une stratégie, permettant la création de nouveaux emplois destinés aux jeunes Canadiens. Pour atteindre cet objectif, il se refuse toutefois d'adhérer aux méthodes politiques mises en place par le Premier ministre conservateur ontarien depuis son arrivée au pouvoir. Mike Harris et ses sympathisants au sein du PC sont, en effet, considérés dans l'entourage de Jean Charest comme un courant trop à droite, qui s'inspire des politiques reaganiennes ou thatchériennes. Malgré une position que l'on pourrait baptiser «de gauche», au sein du Parti progressiste conservateur, ses proches laissent entendre que les positions choisies par Charest sont prises plus en fonction d'une rentabilité électorale que pour quelque autre raison. Son *inner circle*, groupe restreint de conseillers, ne craint pas de dire qu'il faut aller chercher l'électorat vers le centre de l'échiquier politique, car c'est là que se trouve la plus large proportion d'électeurs potentiels !

Ces premières indications sur les prises de position de Jean Charest montre qu'il est de toute évidence un homme de compromis. À titre d'exemple, il suffit de se remémorer la décision, prise en 1996, de réduire le taux d'imposition de 10%. Décision qui s'est reflétée par la suite dans son programme de politique électorale de 1997, lorsque pour plaire à l'aile jeunesse, plus «radicale», il annonça qu'il prévoyait, au cas où il deviendrait Premier ministre, de réduire de 10% le taux d'imposition sur le revenu des particuliers, afin de stimuler la relance économique. Alors que s'inspirant d'une tendance plus à gauche de son parti, il s'engageait également à maintenir à un niveau acceptable la qualité des services sociaux canadiens.

Par ce type de décisions, que l'on pourrait qualifier de démagogiques et d'opportunistes, le jeune chef conservateur veut démontrer ainsi à sa base, qu'à certaines occasions, il peut être ouvert à des courants de pensées qui ne sont pas forcément les siens et qu'il peut se mettre au diapason des diverses tendances qui traversent l'organisation, en autant que cela soit bon pour les objectifs de politique nationale défendus par son parti.

On peut donc dire que Jean Charest, comme politicien, sait s'adapter à toutes les situations et qu'il sait adapter ses décisions aux situations. C'est pourquoi, à l'occasion, certains de ses détracteurs peuvent l'accuser d'être secrètement à la fois un proche d'un Mike Harris ou d'un Doug Young. Jean Charest est un politicien plus difficile à cerner, pour ne pas dire... insaisissable.

« Que l'avenir commence » — un projet de société?

Dès son arrivée à la tête du Parti progressiste conservateur, Jean Charest se dote d'un réseau d'informateurs bien structuré, met en place une *Commission de politique nationale* et demande à ses militants de travailler à reformuler entièrement les politiques du parti. En juillet 1996, lors du congrès d'orientation de Winnipeg, Jean Charest détient avec *le Rapport de la commission politique nationale* — co-présidé par Jacques Léger et Roxanna Benoit — entre ses mains, un document de travail lui permettant de formuler adéquatement les politiques qu'il désire mettre en place dès le début du prochain millénaire. Ce rapport doit permettre aux conservateurs — Jean Charest inclus — de redéfinir avec plus de précisions, l'ensemble des grandes orientations politiques du parti, que les conservateurs désirent faire connaître avant leur éventuel retour au pouvoir. Telle l'épineuse question constitutionnelle, mais aussi et surtout les grands axes sur lesquels va se fonder la nouvelle philosophie conservatrice, comme par exemple, le «rôle de l'État» dans le système fédéral. Ce document approuvé par le chef, situe également les enjeux de la politique de développement économique que les conservateurs désirent initier, dans le cadre de «l'émergence de l'économie mondiale et les répercussions quelle aura sur notre capacité concurrentielle et sur nos échanges commerciaux*».

Tous les observateurs de la scène politique reconnaissent en lui la passion qu'il dégage quand il aborde la question de l'unité nationale. La raison primordiale de son engagement en politique semble tenir en deux mots : Canada - jeunesse. Jean-Bernard Bélisle rappelle à ce sujet : «que Jean Charest est conscient du potentiel du Canada [...] et de la jeunesse [...] et qu'il est un grand Canadien contemporain qui se sent aussi bien à St-Jean de Terre-Neuve que dans les territoires du Nord-Ouest.»

«Son dada a toujours été la Constitution» déclare Yanik Deschênes. C'est donc tout naturellement, ayant été pendant longtemps privé de la tribune parlementaire, qu'il utilisera au maximum l'occasion de la campagne électorale pour définir aux yeux des électeurs à travers le *Pacte canadien* son projet de société. Ce *Pacte* qui, selon lui, devrait :

> «[...] susciter un nouvel esprit de coopération entre Ottawa, les provinces et les territoires [...] par de simples ententes fédérales-provinciales-territoriales, sans nécessité de modifications constitutionnelles [...] soucieux de favoriser la santé et l'éducation, de stimuler le marché du travail et de resserrer l'union économique [...] dans les domaines que la population considère si importants pour sa qualité de vie.»

---

* Les points forts du programme de Jean Charest sont inspirés du *Rapport de la commission de politique nationale* (juillet 1996) et de *Que l'avenir commence* (mars 1997).

S'il reconnaît que le système fédéral canadien a des ratés, Jean Charest est cependant modéré dans ses critiques à son endroit. Bien entendu, il reconnaît que le fédéralisme « ne fonctionne pas aussi bien qu'il le devrait ».

Dans son programme électoral de 1997, le Parti progressiste conservateur n'analyse pas en profondeur le dossier constitutionnel pourtant le plus délicat de la politique canadienne. La société québécoise y est reconnue comme « une société qui a évolué parallèlement aux autres provinces avec sa langue, sa culture et ses institutions ». Cependant, pour Jean Charest, le rôle et la place du Québec dans la Confédération, devraient être l'un des objectifs contenus dans un futur projet de révision constitutionnelle, qui ne peut voir le jour que dans le cadre d'un mandat clair du Québec dans la négociation. Pour celui-ci, la crise constitutionnelle n'a fait que s'accroître à la suite de la mise en place de certaines politiques, comme le multiculturalisme institutionnel, qui a mis en relief les origines ethniques de la population canadienne et a donc accentué et exacerbé les divisions entre les communautés.

Les lacunes du fédéralisme résident, à ses yeux, essentiellement dans les relations fédérales-provinciales et les responsabilités ou la capacité de chacun des paliers de gouvernement de générer des ressources financières suffisantes.

Le plan de Jean Charest est donc de proposer un pacte confédératif moderne qui fasse du Canada un pays plus fort et plus uni. Ce fédéralisme renouvelé assurerait le maintien d'un gouvernement fédéral capable d'agir dans l'intérêt national. Il s'agirait d'un fédéralisme décentralisé dans le cadre duquel les services seraient assurés aux Canadiens par le palier gouvernemental qui serait le plus en mesure d'en assurer la gestion.

Jean Charest propose donc un nouvel esprit de coopération, d'entente et d'engagement mutuel entre Ottawa, les provinces et les territoires, qui permettra de renouveler le fédéralisme pour renforcer et unifier le Canada, sans nécessiter de modifications constitutionnelles majeures.

Les principales mesures proposées dans le *Pacte canadien* pour l'élaboration d'un projet de révision constitutionnelle peuvent se résumer ainsi :

— la convocation immédiate d'une conférence des premiers ministres afin d'adopter un nouvel accord-cadre, sur les soins de santé, l'éducation et le commerce interprovincial ;

— la conclusion, avec les provinces et les territoires, d'un *Pacte canadien* assurant la santé et l'éducation des Canadiens, la croissance du marché de l'emploi et le resserrement de l'union économique ;

— l'assurance, que les administrations provinciales et territoriales ainsi que la population bénéficieront d'un financement juste et efficace grâce au transfert de points d'impôt soumis à la péréquation ;

— la garantie, par le truchement du financement direct ou de l'augmentation du fonds de péréquation, que toutes les régions continueront de bénéficier d'une aide financière comparable ;

— le financement adéquat, des programmes de soins de santé et d'études supérieures. La souplesse de sa formule permettra de tenir compte des différences entre les régions du pays tout en maintenant des normes de qualité supérieure communes s'appliquant aux services, aux programmes et au financement futur ;

— un mécanisme de règlement ayant force exécutoire, sera créé, de manière à assurer que toutes les parties respectent leurs engagements ;

— la création d'un Secrétariat du *Pacte canadien*, regroupant des représentants fédéraux, provinciaux et territoriaux, qui fournirait une tribune aux fins de l'amélioration, de la négociation et de la surveillance des normes s'appliquant aux programmes sociaux; qui se rapporterait aux assemblées législatives provinciales et territoriales et au Parlement et trouverait des moyens pratiques d'accroître l'efficacité de notre union économique, sociale et politique.

— Une fois le Pacte négocié, le Parlement fédéral et les assemblées législatives provinciales et territoriales lui donneront force de loi. Le *Pacte canadien* comportera des modalités plus justes et efficaces de financement des services sociaux essentiels grâce au transfert de points d'impôt aux provinces et aux territoires.

Le *Pacte canadien* proposé par Jean Charest prévoit la réorganisation de la répartition de l'assiette fiscale canadienne. L'une des bases de cette réorganisation tient au transfert des points d'impôt vers les provinces, le gouvernement fédéral offrant de céder aux provinces «une partie de sa capacité d'imposition... ce qui ne changera pas le montant total des impôts que verseront les contribuables». Ce nouveau régime fiscal devrait permettre aux provinces d'accroître leur «autonomie financière à l'égard de la prestation de leurs programmes sociaux, de sorte qu'elles ne pourront jamais plus être victimes des coupures unilatérales du gouvernement fédéral au titre des transferts».

Le projet comporte toutefois la responsabilité pour les provinces de gérer adéquatement ces sommes, «cette formule obligera les gouvernements à rendre des comptes directement à ceux qui payent la note, soit les contribuables, qui pourront ainsi avoir leur mot à dire sur le système des soins de santé». Ainsi pourrait prendre fin le temps ou en cas de problèmes, les différents paliers de gouvernement pouvaient, allégrement, se renvoyer la balle. Dans la crise

Québec-Ottawa où l'on est passé maître en la matière, on trouverait une bonne solution et l'on pourrait peut-être enfin savoir qui bénéficie du système ou pas.

Un risque cependant demeure pour les provinces aux ressources financières limitées, puisque dans certaines circonstances économiques difficiles elles ne seraient plus capables malgré la réorganisation fiscale de garantir certains types de services sociaux. Jean Charest leur propose dans ce cas « un financement stable des services de soins de santé et autres services essentiels, soit par le financement direct, soit par un accroissement du fonds de péréquation ».

Dans le cadre de cette révision du système fédératif, le chef conservateur souhaite que cette nouvelle union politique, économique et sociale soit plus créative et plus polyvalente pour qu'elle devienne plus forte, plus efficace et plus dynamique.

Et Jean Charest de conclure dans son programme électoral de 1997 :

> « [...] qu'une réforme constitutionnelle en profondeur n'est pas souhaitable à court terme, mais cela ne signifie pas que nous devons rester passifs. Je ne suis pas centralisateur, mais je ne suis pas prêt non plus à fermer le gouvernement fédéral pour plaire aux provinces. Je préfère mettre de côté les querelles et l'impasse constitutionnelle passées et chercher une formule efficace. Nous pouvons procéder à des changements non constitutionnels qui favoriseront des rapports plus équilibrés, plus positifs et plus productifs entre les deux paliers de gouvernement, voilà une solution pratique. »

Jean Charest semble de plus en plus attentif à la création d'un climat favorable à une relance sérieuse du débat constitutionnel. C'est ainsi qu'il écrivait le 8 septembre 1997 au Premier ministre du Nouveau-Brunswick, Franck McKenna, à la veille de la rencontre de Calgary des Premiers ministres provinciaux que :

« L'heure n'est pas venue de procéder à des modifications constitutionnelles. Toute discussion sérieuse sur la modification de la Constitution ne peut avoir lieu tant que le Québec n'aura pas élu un gouvernement prêt et disposé à s'engager dans un tel processus. Le moment venu, nous devrions être prêts à aller de l'avant rapidement. »

Mais pour l'instant Jean Charest sait qu'il ne peut attendre et qu'il faut démontrer aux Québécois que le Parti progressiste conservateur est sérieusement désireux de réformer le système fédéral. Il veut donc travailler sur des solutions intérimaires qui lui permettraient de faire avancer le programme de révision constitutionnelle, préconisé par les conservateurs. L'un des principes retenus par Charest s'appuie sur le renforcement des « pouvoirs du gouvernement national, parce que vider le gouvernement fédéral de toutes les responsabilités, ce n'est pas cela la réponse pour garder le pays uni ». Si la question de la société distincte du Québec est toujours au cœur des débats, Jean Charest considère, cependant, que les questions reliées aux problèmes des autochtones, mais aussi à l'immigration et aux affaires concernant la société multiculturelle, devraient faire partie d'un projet de révision constitutionnelle. En ce qui concerne les peuples autochtones, il propose d'éliminer le sentiment de marginalisation qui existe dans cette communauté depuis qu'ils ont perdu leurs terres et leurs richesses naturelles. La résolution du problème ne passerait pas, à ses yeux, par une solution financière mais plutôt par un règlement des divers types de revendications, par le respect des langues et des cultures autochtones. Sans parler directement d'autonomie, il semble privilégier un partage de responsabilités qui permettrait aux différentes communautés de gérer les affaires locales.

Pour le Canada, l'immigration est liée à l'enrichissement de son tissu social. Il préconise que le droit d'accès au statut de réfugié ne soit pas confondu avec celui du statut d'immigrant, afin d'accélérer le processus d'entrée au pays.

Alors que la société canadienne est constituée de gens d'origines ethniques et culturelles diverses, les questions reliées à l'origine et à la culture doivent être pour Jean Charest du domaine du privé. Le gouvernement ne devrait donc pas s'impliquer à ce niveau-là, mais plutôt prendre des mesures pour lutter contre le racisme.

À plus court terme, le *leader* du Parti progressiste conservateur considère que l'on devrait se pencher aussi sur d'autres programmes, tels ceux qui touchent aux divers programmes sociaux pancanadiens. Il propose d'envisager un pacte fédératif qui reposerait sur un système garantissant de ne pas réduire le régime d'assurance-maladie et d'en assurer l'universalité comme élément fondamental de la citoyenneté canadienne. Le Pacte viserait aussi à garantir la libéralisation du commerce intérieur.

Pour Jean Charest une fédération forte et vigoureuse n'est pas un objet de luxe, mais une garantie des conditions de stabilité, de création d'emplois, de croissance et de prospérité : « Si ce pays n'a pas ses racines dans une union économique forte et efficace qui favorise la création d'emplois et la croissance, notre avenir est menacé », concluait-il le 10 avril 1997 devant les membres de l'Empire Club de Toronto.

Un crédo lié à la jeunesse

Depuis son entrée en politique — il y a de cela treize ans — l'image d'un député « jeune » lui colle à la peau. Son physique d'éternel adolescent, mais aussi les diverses fonctions qu'il a occupées dans le cabinet Mulroney ont largement contribué à la conserver. En tant que ministre de la Jeunesse, de la Condition physique et du Sport amateur, il a dû gérer et se familiariser avec les divers dossiers relatifs à la jeunesse canadienne. De plus, sa responsabilité à la tête du ministère de l'Environnement l'a sensibilisé à un dossier qui leur tient à cœur : le devenir de notre planète. Il a donc avec le temps développé une connaissance de ces dossiers et tenté de répondre aux aspirations des nouvelles générations, qui trop souvent se sentent laissées pour compte, et qui ne semblent guère avoir de projets d'avenir. Durant les dernières élections, Jean Charest a mis de l'avant les inquiétudes ressenties par les générations montantes et — se mettant à l'écoute de son aile jeunesse — a axé en priorité sa campagne sur l'éducation, la qualité de l'enseignement comme outil primordial de la lutte contre le chômage chez les jeunes.

D'entrée de jeu en mars 1997, avant même le déclenchement de la campagne électorale, dans le cadre d'un discours prononcé à l'Empire Club de Toronto, il a cru bon de définir sa vision de la qualité de l'enseignement et de jeter les bases d'une politique de formation professionnelle permanente et surtout d'émulation auprès des étudiants :

> « [...] nous créerons un Institut national qui administrera des examens d'évaluation aux élèves de l'ensemble du pays et qui permettront de fournir un classement national. Nous nous inspirerons des travaux du Conseil canadien des ministres de l'Éducation en vue d'établir des normes interprovinciales applicables aux programmes communs dans tout le pays [...] nous nous assurerons que toutes les salles de classes soient dotées d'ordinateurs et que les étudiants d'université et de collège soient munis d'ordinateur personnel. Nous affecterons 100 millions de dollars à un programme de bourses d'excellence qui ouvrira les portes des études supérieures à 25 000 étudiants démunis. »

À la veille des élections du 2 juin 1997, il ne craint pas de revenir sur cette question sur les ondes de Radio-Canada, dans le cadre de l'émission Dimanche Magazine, alors que l'animatrice de l'émission l'interroge sur la pertinence de cette harmonisation des cursus scolaires. Harmonisation qui, estime-t-elle, entre en conflit avec une tradition bien établie en matière de relations fédérales-provinciales, l'éducation étant un champ clos provincial. La réponse de Jean Charest, est suffisamment subtile pour que, même à la veille d'une élection, elle ne puisse pas être prise comme une volonté d'ingérence fédérale. Fort habilement, il sait démontrer qu'il n'est pas question de faire de l'ingérence dans un dossier où le fédéral n'a jamais même tenté d'étendre sa juridiction directe et, dans sa conception, les provinces auront le dernier mot :

> « [...] Dans le domaine de l'éducation et de la formation, je l'ai toujours dit très clairement : l'Assemblée nationale a préséance. C'est elle qui décide si elle veut participer. L'Assemblée nationale, elle, est libre à le faire. Ce que l'on offre de faire dans le domaine de l'éducation, c'est une méthode d'évaluation des étudiants dans le domaine des sciences et des maths pour déterminer comment se classent les jeunes canadiens, les uns par rapport aux autres, et comment ils peuvent se comparer à ceux d'autres pays. Il n'y a rien de trop méchant, ni de trop compliqué là-dedans. Et puis savez-vous, ce ne serait pas une trop mauvaise idée au Québec de savoir comment nos étudiants performent dans ce domaine là ! Mais si le gouvernement du Québec ne veut pas participer, ce sera de ses affaires ».

Le 24 septembre 1997, lors de sa réplique au discours du trône prononcé à l'occasion de l'ouverture des travaux de la 36e législature canadienne, Jean Charest ne manque pas de réaffirmer sa position dans le domaine de l'éducation en montrant la volte-face du gouvernement libéral, qui après avoir annoncé en 1995 la suppression des bourses d'excellence pour les étudiants, annonce sa remise en place.

Les conditions ont changé, depuis l'époque où l'expansion économique permettait facilement aux gouvernements et aux politiciens de tout mettre en œuvre pour augmenter le niveau de connaissances et de formation de la population canadienne. Mais ce n'est pas une raison, précise le chef conservateur, pour ne pas investir aujourd'hui dans un projet éducatif destiné à la jeunesse. Il organise donc celui-ci autour d'une nécessaire politique de formation professionnelle, afin de former les nouvelles générations à remplir les emplois de haute technologie que nécessite de plus en plus l'industrie canadienne.

Une telle proposition répond en même temps aux besoins des entrepreneurs qui se plaignent de la pénurie de travailleurs qualifiés alors que le taux de chômage oscille aux allentours de 10%. La vision de Jean Charest, si elle semble simple, est certainement très audacieuse, et elle ne donne rien contre rien. Pour lui, les emplois de demain exigeront presque tous une formation dépassant le niveau du secondaire. Pour demeurer compétitifs, les jeunes d'aujourd'hui devront s'adapter à un style de vie professionnel qui reposera sur l'éducation permanente.

Fort de l'expérience acquise sous l'administration Mulroney en matière de libre-échange nord-américain, Jean Charest situe donc ces emplois dans le cadre de la mondialisation de l'économie, qui est en voie de transformer radicalement le marché du travail au Canada. Pour répondre aux besoins de la technologie moderne, il faut que les entreprises canadiennes aient à leur disposition un bassin de main-d'œuvre hautement qualifiée. Mais, comme celle-ci coûte cher, il faut aussi avoir une capacité de production importante. Le marché intérieur canadien étant relativement restreint — avec ses 30 millions d'habitants — afin de réduire les coûts d'échelle, les industriels canadiens doivent développer des marchés extérieurs où cette production puisse être compétitive. Selon Jean Charest :

« Nous assistons à l'émergence d'emplois destinés à des travailleurs qualifiés possédant une formation de pointe. Le Canada ne s'est pas mis au pas de ces transformations comme il aurait dû, ce qui contraint les employeurs d'ici à recruter à l'étranger les travailleurs hautement qualifiés dont ils ont besoin. »

Pour soutenir cette thèse, Jean Charest cite des chiffres qui démontrent que la jeunesse est en droit de demeurer optimiste, puisqu'entre 1988 et 1995 les secteurs des technologies de pointe et de l'informatique ont généré 850 000 emplois, alors que ceux des technologies rudimentaires en ont vu disparaître 146 000. Le bilan est donc positif pour la création de nouveaux emplois qualifiés destinés aux jeunes. Du même coup, il veut montrer l'inefficacité des conseillers en planification, quand ceux-ci, chiffres à l'appui, évaluent à 15 000 le nombre d'emplois vacants, directement liés à la technologie de pointe au Canada, alors que le pays compte 1,4 million de chômeurs. D'après Jean Charest, le grand responsable serait les divers paliers de gouvernements du Canada qui ne consacrent qu'à peine plus de 1,5 % du PIB aux programmes de recherche et de développement, soit une part inférieure à ce qui est investi dans les secteurs de recherche et de développement de la plupart des autres pays industrialisés. La première conséquence de ce manque d'investissement se traduit, aux dires de l'OCDE, par des entreprises canadiennes moins innovatrices et moins souples que leurs compétitrices au plan international dans leurs secteurs d'activités respectifs.

Jean Charest en profite donc pour jeter la responsabilité sur les libéraux, dont les politiques de formation professionnelle ne sont pas adaptées aux besoins de l'économie mondiale. Il constate que les étudiants canadiens se classent au dernier rang des pays de l'OCDE, dans les disciplines aussi essentielles que les mathématiques et les sciences, alors que les Canadiens consacrent pourtant à l'éducation plus d'argent que la plupart des autres pays développés. Citant le livre rouge de 1993 du Parti libéral, il note que les promesses d'injecter un milliard de dollars dans la formation professionnelle n'ont pas été tenues : les budgets, qui étaient de 5,9 milliards de dollars en 1993, ont été réduits à 5,4 milliards en 1996. Et comme exemple, il cite les projets de formation professionnelle énoncés dans le budget fédéral de 1995 qui prévoient que 76 millions de dollars seront retranchés du budget du Conseil national de recherche.

Sans rejeter du revers de la main la notion de Canada comme terre d'accueil et d'immigration, il veut mettre tout en œuvre pour permettre aux 1,4 million de chômeurs canadiens de remplir les emplois très lucratifs liés aux technologies de pointe. Il aimerait que ces emplois soient occupés par des travailleurs formés au Canada plutôt que d'aller recruter des travailleurs de pointe sur le marché mondial. Conjointement avec les provinces, il aimerait mettre sur pied une université « électronique » canadienne, qui permettrait à un nombre accru d'étudiants d'accéder à l'enseignement supérieur par Internet, et par l'injection de 25 millions de dollars, relancer le programme fédéral des « Centres d'excellence », afin de créer de nouveaux partenariats d'enseignement supérieur, de recherche et de développement entre les secteurs public, privé et les milieux académiques.

Au cœur de sa politique consacrée à la jeunesse, sa volonté de lutter contre le chômage passe par l'enseignement et il ne se cache pas pour dire que notre système d'éducation bat de l'aile :

> « [...] nos enfants partent perdants dans la nouvelle économie mondiale [...] Dans un monde en constante évolution, nous sommes en voie de passer d'une économie de fabrication à une économie axée sur les services et l'information. Ce sont des secteurs qui exigent une grande souplesse pour

se mettre au pas des nouvelles idées et des nouvelles technologies qui ne cessent d'émerger, et les personnes qui travaillent dans ces industries doivent constamment être prêtes à acquérir de nouvelles compétences et à acquérir des connaissances spécialisées chaque jour. »

Or, les réductions des paiements de transfert que le gouvernement fédéral impose aux provinces inquiètent Jean Charest. Parmi toutes les conséquences qu'elles impliquent, il souligne que pour les étudiants ces coupures se traduisent par des hausses considérables des frais de scolarité et que le coût des études de niveau supérieur est devenu tel, que bon nombre de jeunes n'ont plus les moyens de fréquenter les établissements d'enseignement supérieur.

Les solutions mises de l'avant par Jean Charest sont simples : il faut prendre les mesures nécessaires pour que les étudiants canadiens puissent acquérir une formation adéquate pour s'assurer un emploi qualifié, dans une économie désormais axée sur les connaissances de haut niveau. Un gouvernement conservateur veillerait donc, à ce qu'un plus grand nombre d'étudiants puisse accéder à des études collégiales et universitaires, en consacrant en priorité 100 millions de dollars à un programme canadien de bourses d'excellence. Des mesures dissuasives seront prises en réduisant, entre autres les primes d'assurance-emploi aux jeunes chômeurs, qui ne seront pas inscrits à un programme de formation destiné à les remettre sur le marché du travail.

Revoir et fortifier le tissu social

L'uniformité du système de santé est certainement aux yeux de la population canadienne l'un des facteurs qui cimente le plus l'unité du pays et l'appartenance au Canada. Les économistes de l'OCDE reconnaissent, depuis longtemps d'ailleurs, les mérites de ce système canadien de grande qualité où le droit au service n'est pas un privilège des mieux nantis, mais tout simplement un droit reconnu à chaque citoyen. Mais depuis le milieu des années quatre-vingt, on se demandait dans les anti-chambres de l'OCDE si le Canada avait vraiment les moyens financiers de s'offrir un tel système. La question était donc de savoir si tôt ou tard les politiciens canadiens ne seraient pas contraints de couper dans les dépenses de santé, tant ce système devenait boulimique. Au cours du deuxième mandat de Brian Mulroney, son gouvernement avait commencé à vouloir y mettre un peu d'ordre, mais à l'époque l'opposition libérale n'avait pas tardé à réagir. Les conservateurs usés par le pouvoir, et à l'approche d'une élection générale, n'avaient pas eu d'autre choix que de mettre leur projet de restriction en veilleuse.

L'enjeu pour les Canadiens était si important qu'au cours de la campagne électorale de 1993, Jean Chrétien avait garanti que le financement des soins de santé demeurerait inchangé. Pourtant, Jean Charest relève, pendant la campagne électorale de 1997, que si les libéraux ont réduit de 40% les paiements de transfert au titre de la santé et de l'éducation, ils n'ont réduit que de 2% les dépenses de fonctionnement du gouvernement fédéral.

Si Jean Charest fait de la santé un thème central de la campagne électorale de 1997, c'est parce qu'il s'agit d'un thème unificateur plutôt que diviseur comme l'est celui du dossier constitutionnel. Jean Charest met donc le thème de la santé au rang de ses priorités électorales et en fait un de ses chevaux de bataille.

Ainsi, Jean Charest veut garantir dans son programme électoral des soins de santé de la plus haute qualité, un accroissement immédiat et progressif du financement de ces soins, de manière à les mettre définitivement à l'abri de coupures unilatérales. Pour lui, c'est une question d'engagement personnel. Et il considère que l'injection immédiate de 1,4 milliard de dollars dans le système de santé est une nécessité si l'on veut maintenir un certain niveau de qualité. De plus, il veut modifier le système de péréquation en adoptant un système de points d'impôt qui assurera la croissance du financement de ces soins. Pour Jean Charest, avec un tel système, l'injection d'un montant de 2 milliards de dollars d'ici 2002-2003 est une chose envisageable, puisque la formule des points d'impôt prévoit la perception directe par les provinces d'une partie des impôts aujourd'hui perçue par le fédéral. Cette proposition, selon Jean Charest, n'entraînerait pas de hausse d'impôt pour les Canadiens. La garantie de normes de la plus grande qualité s'appliquant aux soins de santé dans toutes les provinces, elle serait sauvegardée, peu importe où l'on habite au Canada.

Jean Charest, tout au cours de la campagne électorale de 1997, n'en démord pas et répète que, depuis qu'ils sont au pouvoir, les libéraux ont effectué 565 millions de dollars de coupures en transfert vers les provinces de l'Atlantique au titre des soins de santé, et cela sans que les élus et les premiers ministres provinciaux libéraux lèvent le petit doigt. Dans l'Est du pays, au début des années quatre-vingt-dix, les différents intervenants du secteur santé qui se sont battus pour conserver une certaine qualité de soins, reconnaissant sept ans plus tard que le débat n'est plus de l'heure et ils semblent avoir tout simplement abandonné la partie. Jean Charest, malgré tout, a continué de marteler son message en répétant que les fonds du gouvernement fédéral transférés aux provinces par le biais de la péréquation devraient tenir compte de la situation économique de chaque province et que ces fonds assureront aux provinces un financement stable des soins de santé, sans égard à la diminution de leurs recettes fiscales. C'est ce qui semble avoir convaincu les provinces de l'Atlantique qui ont élu 5 députés conservateurs lors de l'élection du 2 juin 1997.

D'autre part, il considère que la remise d'une fraction des impôts perçus par le fédéral aux provinces (formule des points d'impôt), tel qu'il le propose, assurera :

« la croissance du financement en prévision des besoins futurs et améliorera la qualité du système de santé remplaçant l'actuel transfert fédéral en matière de santé et de programmes sociaux par un transfert de points d'impôt aux provinces et aux territoires, afin de garantir un financement stable de la santé et de l'éducation. Ainsi, les provinces et les territoires pourront, d'ici 2001, consacrer à ces services essentiels près de 1,5 milliard de dollars de plus par année que ce que prévoit le gouvernement actuel ; une fois achevée la période de 10 ans de notre plan, ce montant additionnel avoisinera 4 milliards de dollars annuellement ; établira, en consultation avec les provinces, une garantie canadienne de la santé renfermant des normes en vue d'assurer des soins de santé de qualité supérieure et prévoyant le respect de ces normes ; investira 200 millions de dollars dans un Fonds d'initiatives en matière de santé afin de permettre à notre système de santé de s'adapter à l'évolution constante des traitements, des techniques et des services ; travaillera en collaboration avec les provinces et les territoires en vue de réduire les dépenses non nécessaires entraînées par le double emploi et versera dans le Fonds les économies ainsi réalisées. »

Ces points de transfert d'impôt prendront de la valeur au fur et à mesure de la croissance économique et démographique des provinces intéressées. Pour faire face à un ralentissement économique et démographique de certaines provinces le cas échéant, le plan Charest prévoit par les fonds de péréquation qu'il sera possible de limiter les pertes de revenus de certaines provinces en situation de récession. Car il affirme que : « La santé est trop précieuse pour laisser place à l'improvisation. Les libéraux ont prouvé qu'ils n'avaient aucun plan assurant la protection des soins de santé ». Et il profite d'un passage à Milton en Ontario pour ratifier, symboliquement, une garantie canadienne de la santé où il est affirmé que sont « finies les volte-face sur le financement des soins de santé, jeu auquel le gouvernement libéral est passé maître », et conclut :

> « qu'un gouvernement progressiste-conservateur s'engagera à fournir immédiatement aux provinces une contribution de 12,5 milliards de dollars au titre de la santé et de l'éducation et à assurer la croissance du financement des soins de santé au cours des années à venir [...] Comme Premier ministre, je ne manquerai pas de respecter mon engagement au titre de cette garantie [...] Les Canadiens ont raison d'être fiers de leur système de santé et ils méritent un *leadership* courageux capable d'en assurer le maintien. »

En ce qui a trait au Régime de pensions du Canada (RPC), Jean Charest adopte le même point de vue et la même stratégie que pour les soins de santé. Il prend en compte que le gouvernement Mulroney, qui en son temps, avait voulu modifier le régime de pensions, avait appris à ses dépens, que les programmes sociaux sont intouchables. Dans le programme de 1997, il en fait un élément fondamental du filet de sécurité sociale de la population canadienne ; pour Jean Charest, c'est une obligation que le gouvernement se doit de respecter.

> « À notre avis — dit-il — il existe des moyens sûrs pour rétablir sa viabilité financière et protéger les sommes que les contribuables canadiens y ont déjà investies [...] les Canadiens — les retraités comme les travailleurs — craignent que le Régime de pensions du Canada, auquel ils ont cotisé, ne soit pas en mesure de les aider quand ils en auront besoin. Aujourd'hui, on compte pour une personne à l'âge de la retraite, cinq personnes en âge de travailler. Dans vingt ans, ce rapport sera de un sur quatre. Les Canadiens veulent

que le gouvernement fédéral s'attache aux priorités qui les concernent. L'une d'elles est la sécurité de la retraite pour tous les Canadiens, et plus particulièrement le rétablissement de la viabilité financière du Régime de pensions du Canada.»

À ce sujet, Jean Charest se dit doublement inquiet, car si habituellement il s'attaque aux politiques libérales dans le cas du RPC, il est soucieux du fait que les réformistes préconisent le remplacement du RPC par des «bons de reconnaissance» à l'intention des personnes qui n'ont pas l'âge de la retraite, reflétant les crédits accumulés grâce aux cotisations déjà versées au RPC.

À l'instar de ses adversaires, Jean Charest s'engage à adopter une approche responsable en vue de garantir le maintien du RPC, lequel espère-t-il :

«s'autofinancera à même les hausses des cotisations. Autrement dit, ces hausses permettront d'injecter suffisamment d'argent dans le Régime pour garantir le versement des pensions au fur et à mesure que la population vieillira. Toutefois, les hausses des cotisations au RPC seront plus que compensées par des réductions de l'impôt sur le revenu et des charges sociales, de manière à ce que les contribuables obtiennent une épargne nette de 10%, aux termes de notre plan. Les hausses des cotisations au RPC visant les entreprises seront compensées par les diminutions des charges sociales, de manière à ne pas entraver la création d'emplois».

Pour assurer au fonds du RPC une gestion saine, Jean Charest envisage donc de transférer «les fonds du RPC dans un fonds de fiducie des pensions du Canada, géré de façon entièrement distincte et structuré de manière à ce qu'il soit indépendant du gouvernement en place. Les administrateurs du fonds, issus de la communauté financière, du monde des affaires et de l'actuariat, seront choisis avec impartialité».

Par ailleurs, et puisque les fonds de retraite seront de plus en plus souvent gérés personnellement par les Canadiens eux-mêmes, un gouvernement sous la direction de Jean Charest augmenterait la sécurité et le rendement des Régimes Enregistrés d'Épargne-Retraite (RÉER) en garantissant que la valeur accrue des fonds épargnés ne sera jamais taxée tant que ces fonds demeureront dans un RÉER. Il augmenterait immédiatement la part de contenu étranger autorisée dans les RÉER, qui passerait de 20% à 50%, et éliminerait graduellement toutes les restrictions à cet égard d'ici 2001.

L'économie et la relance de l'emploi, fer de lance du projet Charest

L'une des pierres angulaires de la campagne électorale de Jean Charest de 1997 aura été de proposer la réduction des impôts afin de créer plus d'emplois et ainsi accélérer la reprise économique canadienne. Le choix délicat qui doit être fait, doit l'être entre la réduction des impôts et une politique économique et sociale conduisant rapidement à un équilibre budgétaire. Jean Charest, à la demande de l'aile jeunesse du Parti progressiste conservateur, opte résolument pour la première proposition alors que ses adversaires politiques ont choisi plutôt l'option de l'équilibre budgétaire.

Pour Jean Charest et pour les jeunes du Parti progressiste conservateur, il existe «un moyen de réduire le déficit, de protéger les programmes sociaux essentiels et de stimuler la création d'emplois et la croissance économique en diminuant les impôts». Pour se faire, ils offrent d'adopter «une optique différente de leurs opposants — et suggèrent de s'en tenir à un plan à long terme, de restructurer l'appareil gouvernemental, de fixer des priorités et de faire les choix difficiles qui s'imposent dans les réductions de dépenses».

Le chef conservateur s'indigne du fait que, depuis l'arrivée de Jean Chrétien au pouvoir, les recettes du gouvernement fédéral aient augmenté de 19% soit 21,8 milliards de dollars. D'après les analyses du Parti progressiste conservateur, une partie importante de ce surplus provient d'une augmentation de 11 milliards de dollars des primes du Régime de pensions du Canada. Jean Charest s'insurge de ce fait parce que, pendant ce temps, le revenu disponible des particuliers a chuté de 1% et que l'on n'a pas compensé les contribuables par des réductions d'impôts, si bien que les politiques libérales fédérales n'ont pas permis de créer les emplois dont les Canadiens ont tant besoin. Cette approche de Jean Charest est soutenue par nombres d'études qui affirment que la croissance économique dépend de la diminution du taux d'imposition des particuliers et de l'adoption d'un régime fiscal qui permettent aux entreprises d'être concurrentielles. Pour créer un climat propice à la création d'emplois et à la croissance économique durables et à long terme, le programme électoral conservateur de 1997, présenté par l'aile jeunesse, prévoit qu'il faut diminuer l'ensemble des taux d'imposition, parce que des impôts élevés font disparaître les emplois, freinent l'initiative et réduisent les revenus des contribuables.

Autre cheval de bataille de Jean Charest : les prélèvements faits en matière d'assurance-emploi qui doivent être perçus dans le but de couvrir le coût des prestations versées aux chômeurs. Il constate que :

> « dans ce cadre, le gouvernement libéral a délibérément perçu 5 milliards de dollars de plus qu'il n'en faut pour assurer le fonctionnement de ce programme. Ils se servent de l'excédent pour réduire le déficit parce qu'ils craignent de prendre des décisions difficiles. »

Par le système mis sur pied depuis 1993 par les libéraux, Charest prévoit que dans un tel cadre et d'ici la fin de l'exercice 1997-1998, la caisse de l'assurance-emploi affichera un surplus de 12 milliards de dollars. En l'an 2000, ce surplus atteindra 17 milliards de dollars, ce qui correspond à plus d'un an de prestations ce qui devient, selon lui, complètement aberrant.

■

Quelles solutions Charest propose-t-il en vue d'une relance de l'économie canadienne ?

Un gouvernement sous sa direction modifierait immédiatement le régime fiscal pour redonner confiance aux consommateurs et pour stimuler la création d'emplois, réduisant d'environ 10% l'impôt sur le revenu des particuliers dès le dépôt de son premier budget. Agissant ainsi, il diminuerait davantage le taux d'imposition de sorte que les réductions nettes de l'impôt des particuliers atteindraient 12 milliards de dollars d'ici l'an 2005.

En voulant par une réforme fiscale redonner confiance à la population, Jean Charest se permet d'affirmer que :

> « des taux d'imposition trop élevés font disparaître des emplois. L'augmentation des dépenses de consommation entraînera une hausse de la demande en produits et services, ce qui stimulera la croissance économique et la création d'emplois. Le meilleur moyen de mettre plus d'argent dans les poches des contribuables consiste tout simplement à en prélever moins sur les chèques de paye. Un gouvernement Charest pourra ainsi créer plus d'un million de nouveaux emplois pendant son premier mandat, et au moins un autre million d'ici l'an 2005. »

L'autre volet du plan pour relancer la création d'emplois est de régler une fois pour toutes le problème que représente les barrières tarifaires dans le commerce interprovincial. Une fois encore, Jean Charest respectueux des privilèges acquis par les provinces, ne veut rien imposer. Fort de l'expérience acquise au ministère de l'Environnement, il veut créer un climat de confiance entre les tenants de la fédération canadienne créant, par la voie de la négociation, de nouvelles façon de commercer entre les provinces.

> «Nous sommes néanmoins prêts à prendre des mesures sévères et efficaces pour éliminer ces barrières. Les dommages qu'elles occasionnent sont trop importants pour que nous laissions des politiciens et des groupes d'intérêts retarder le processus [...] La suppression des barrières au commerce interprovincial constitue un jalon important de notre plan [...]»

Cette refonte des relations commerciales interprovinciales est très importante au Canada puisque 20% de l'économie canadienne repose sur ce type d'échanges commerciaux. Les barrières non tarifaires intracanadiennes font perdre aux Canadiens des milliards de dollars et Charest de conclure «qu'une hausse de 10% seulement du commerce interprovincial engendrerait 200 000 nouveaux emplois». Pour réaliser un tel projet, il faut s'attaquer au problème des relations entre les membres de la fédération. Il propose donc à l'instar de l'idée développée dans le cadre des tournées d'Équipe Canada, de mettre sur pied une équipe similaire pancanadienne qui permettrait aux entrepreneurs canadiens des différentes provinces de développer leurs relations économiques. Cette réforme de l'union économique devrait mettre un terme aux entraves de la circulation des personnes, des biens, des services et des capitaux ce qui faciliterait le développement de cette union économique nationale.

Pour Jean Charest, même le Québec pourrait à cette occasion soutenir un programme de partenariat, comme cela avait été défendu par les troupes péquistes pendant la campagne référendaire de 1995. Si les provinces et le gouvernement fédéral ne pouvaient réussir à trouver une solution dans un délai d'un an, le gouvernement d'Ottawa pourrait exercer ses pouvoirs « en matière d'échanges commerciaux pour créer une commission du commerce interprovincial » qui supprimerait définitivement ce type de barrières et ainsi générer des emplois et la croissance économique.

Le programme de la *Commission politique nationale* repris dans son programme électoral explique comment il espère aboutir à un mécanisme qui ultimement sera générateur d'emplois :

> « Au Canada, [selon une étude de la Chambre de commerce de l'automne 1996] le commerce entre les provinces et les territoires représente 20% du revenu national et suscite 1,9 million d'emplois [...] En 1995, les échanges commerciaux entre les provinces se sont chiffrés à 314 milliards de dollars. Les deux provinces les plus actives à ce titre sont l'Ontario (103 milliards de dollars) et le Québec (70 milliards de dollars). Même la plus petite province, l'Île-du-Prince-Édouard, réalise des profits de 2 milliards de dollars grâce au commerce intérieur [...] La Chambre de commerce du Canada estime qu'à la faveur d'une hausse de 10% des échanges commerciaux interprovinciaux, jusqu'à 200 000 nouveaux emplois pourraient être créés. »

Le Canada est une union économique intégrée, mais les entreprises ont souvent plus de difficulté à vendre leurs biens et services à Calgary ou à Charlottetown qu'à Cuba ou au Chili... « Une union économique véritable ne devrait pas restreindre le déplacement des personnes, des biens et services et des capitaux, essentiels à l'expansion économique et à la réalisation du potentiel économique des Canadiens. »

Malheureusement, les libéraux n'ont pas réussi à amener les provinces à régler les problèmes causés par les obstacles au commerce intérieur du Canada, de souligner Jean Charest qui déclare :

« Nous sommes heureux de voir les Premiers ministres provinciaux favoriser le renforcement de nos liens avec nos partenaires commerciaux internationaux. Nous avons la certitude qu'il s'agit-là d'un facteur-clé duquel dépend la fermeté de notre économie. Pourtant, [les libéraux] après avoir fait une volte-face remarquable sur la question du libre-échange, le Premier ministre [Jean Chrétien] n'a pas réussi à libérer les Canadiens d'une entrave considérable à la croissance de l'emploi au Canada — les barrières au commerce interprovincial. »

L'Accord sur le commerce intérieur conclu, par le gouvernement libéral avec les provinces en juin 1994, comporte des échappatoires et des lacunes allant du maintien de règles contradictoires d'une province à l'autre, de la couleur de la margarine aux normes s'appliquant aux gens de métier, au manque de disposition de l'Accord qui vise le marché des achats gouvernementaux comptant pour 50 milliards de dollars. Ainsi, n'eût été de l'intervention du Sénat, les libéraux auraient réussi à instaurer au Nouveau-Brunswick, en Nouvelle-Écosse et à Terre-Neuve une politique d'établissement des prix incluant la taxe, laquelle aurait érigé une barrière considérable au commerce intérieur.

Jean Charest offre des solutions qui permettraient de prendre des mesures immédiates afin de supprimer les obstacles au commerce interprovincial : en mettant sur pied une Commission du commerce interprovincial (CCI) qui serait responsable d'établir et de faire appliquer les règles propices à assurer aux Canadiens leur plein potentiel économique. Cette Commission remplacerait toutes autres structures régissant le commerce intérieur. Aucun motif ne pourrait justifier l'absence d'un mécanisme exécutoire et efficace permettant le règlement des différends commerciaux entre les provinces canadiennes, alors qu'un tel mécanisme est prévu aux termes de l'Accord de libre-échange entre le Canada et les États-Unis. Il fixerait aux provinces une échéance d'un an aux fins de la mise sur pied de la CCI. S'il est impossible d'arriver à une entente, le gouvernement Charest exercera ses pouvoirs constitutionnels en matière d'échanges commerciaux afin de créer la Commission. En consultation avec les Premiers ministres des provinces, dans le cadre de la CCI, il déterminerait des normes provinciales harmonisées dans les secteurs tels que l'enregistrement des sociétés et des entreprises et la certification professionnelle, lesquelles auraient pour effet de réduire les coûts inhérents au commerce. Il supprimerait les critères de résidence de manière à donner aux Canadiens la possibilité de travailler où bon leur semble dans le pays.

Le développement en plein essor du commerce international au Canada, montre avec plus d'acuité la situation contradictoire que présente l'union économique canadienne entravée par des barrières commerciales interprovinciales et par des infrastructures de transport déficientes. Ces entraves imposées au commerce intérieur canadien ont des répercutions directes sur l'économie et *a fortiori* sur l'emploi dans la plupart des régions. L'objectif à long terme du Parti progressiste conservateur est donc de faciliter la mise en place d'une économie canadienne de libre-marché qui aurait pour conséquence de favoriser la création d'emplois et d'offrir un meilleur niveau de vie pour tous les Canadiens.

Comment parler de relance économique sans qu'on lui apporte de stimulants. On peut donc provoquer cette relance, considèrent les conservateurs de Jean Charest, en réduisant la dette publique. L'une des premières mesures envisagées par le Parti progressiste conservateur est, comme le veut la tendance générale de tous les gouvernements du monde occidental, d'imposer une réduction de la taille de son appareil administratif.

La réforme du système fiscal se doit d'être réévaluée en fonction de cette globalisation de l'économie mondiale en le transformant en un système efficace. Jean Charest suggère donc de recourir à un système d'imposition unique allié à un nouveau système de réduction des déductions et des crédits d'impôts. Si les membres du parti désirent que les impôts soient réduits, il n'existe pas de consensus sur la façon d'y parvenir. Trois formules sont proposées : commencer à réduire l'impôt sur le revenu tout en éliminant le déficit, commencer à réduire l'impôt sur le revenu qu'une fois le déficit éliminé, ou encore ne commencer à baisser les impôts qu'une fois le déficit éliminé tout en accordant une nette priorité au remboursement de la dette.

L'une des caractéristiques de la prospérité canadienne a toujours été la capacité d'exporter des biens et des services. Le commerce extérieur est donc l'un des secteurs les plus créateurs d'emplois depuis les années quatre-vingt-dix. Les échanges avec les États-Unis ont doublé au cours de cette période, les exportations passant de 100 milliards en 1988 à 209 milliards en 1995.

Gilles Paquet, professeur d'économie à l'Université d'Ottawa était observateur lors des discussions de la *Commission politique nationale* sur la question de la fiscalité. Il a fait part aux conservateurs de ses commentaires sur l'«économie au noir», en se basant sur le fait que de plus en plus l'impôt sur le revenu devient poreux et qu'il faut de toute urgence réformer en profondeur la fiscalité afin de la rendre plus flexible et adaptée aux nouvelles situations. Mais il faut dire que les conservateurs sont devenus très prudents en la matière, après s'être brûlés les ailes dans le dossier de la TPS. Et comme le dit si bien Gilles Paquet «seules les vieilles taxes sont de bonnes taxes, et tout ce que l'on taxe disparaît [...]».

Dans ce cadre, conclut Gilles Paquet, les conservateurs ne veulent pas s'engager sur les sentiers d'une réforme révolutionnaire de type européen :

« En taxant le revenu, on taxe du même coup l'épargne. Il faut donc, déplacer la fiscalité depuis le revenu vers la consommation. Les mesures présentées à la Commission ne sont donc pas vraiment une alternative et ne répondent pas aux problèmes de la nouvelle formule de travail qui va de plus en plus vers le travail autonome duquel tout est déductible. Ce système permet forcément une augmentation de l'économie au noir. Le projet de réforme fiscale présenté jusqu'à présent est donc "très conservateur". »

Une certaine idée du Canada

Le rôle du Canada à l'étranger

Avec l'arrivée de Jean Charest, la base du Parti progressiste conservateur s'est renouvelée et rajeunie. Elle est de plus en plus constituée de jeunes militants, dont les centres d'intérêts s'orientent, avec la mondialisation des échanges commerciaux, vers les problèmes de politique internationale tels que la place et le rôle du Canada dans le monde. Les jeunes conservateurs se sentent beaucoup plus concernés par toutes les questions touchant la planète : surpopulation, dégradation de l'environnement et transformation du rôle de l'État-nation dans les affaires internationales, que les précédantes générations qui furent plus axées sur les problèmes de politique intérieure, obligeant ainsi le parti à prendre position sur toutes les questions internationales.

N'ayant pas à supporter l'odieux d'un passé colonial, à l'instar des grands pays européens, le Canada occupe une place à part parmi les pays développés, ce qui lui permet, en ce qui concerne l'aide au pays en voie de développement, une position privilégiée. Cependant Jean Charest constate qu'au moment de passer aux actes, si le Canada et d'autres pays de l'OCDE se sont engagés à contribuer au développement international des pays pauvres par une aide publique d'un niveau équivalent à 0,7% de leur PIB respectif, ces pays, dont le Canada, ne consacrent que 0,3% de cette aide internationale pour encourager les pays en voie de développement à devenir et demeurer autosuffisants, et ce tout en libéralisant leurs relations commerciales. Dans son programme, Jean Charest relève que 25% de l'aide canadienne devrait être dirigée vers les «besoins fondamentaux» — alimentation, santé — alors que le gouvernement actuel reconnaît qu'il n'a dépensé que 21%. Jean Charest craint donc que cette situation vienne décourager les pays pauvres et réduire leur volonté d'atteindre le plus rapidement le seuil de l'autosuffisance. Un gouvernement conservateur imposerait des vérifications comptables afin d'évaluer si l'aide attribuée est bien destinée aux objectifs d'aides tels que définis par le Canada et que, surtout, ces aides ne soient pas détournées vers d'autres fins que celles initialement prévues. Il privilégierait donc des aides en nature comme du blé ou des équipements fabriqués au Canada plutôt qu'en transfert de fonds comme cela se pratique.

Le rôle et la place des forces armées canadiennes

Autre source de réflexion pour les conservateurs : les forces armées. La fin de la guerre froide a forcé le Canada à revoir son rôle et sa mission d'intervention. Cette institution qui doit assurer la protection de la souveraineté canadienne, ainsi que remplir des obligations internationales, est depuis plusieurs années sur la sellette. La crise au sein des forces armées canadiennes, provoquée par les incidents de Somalie — sous le gouvernement Mulroney — a entaché jusqu'au plus hauts rangs de la hiérarchie des forces armées canadiennes — a donc forcé les conservateurs à repenser et à réviser l'ensemble de cette institution. L'armée canadienne, selon Jean Charest, devrait mettre en vigueur des politiques capables de refléter les intérêts de l'État et être suffisamment souple pour s'adapter à l'évolution de la conjoncture mondiale dans le cadre des restrictions budgétaires que connaissent tous les autres ministères fédéraux. Pour un gouvernement conservateur, le Canada devrait redéfinir son engagement militaire dans le cadre de l'ONU, de l'OTAN et du NORAD, dans le cadre de la diplomatie préventive, du maintien et de la consolitation de la paix.

Un Canada où chaque citoyen se sent en sécurité

Jean Charest a du Canada une idée d'un pays uni qui occuperait une place enviable internationalement et où chaque citoyen se sentirait en sécurité.

L'une des inquiétudes que l'on peut ressentir à la lecture du *Rapport de la Commission politique nationale* est la constatation de la dégradation de la sécurité publique à travers le pays. On y souligne une progression du taux de criminalité de 8 % en 1996, comparativement à 1994 et parallèlement à l'augmentation de 13 % des sommes consacrées aux services reliés à la justice. L'accent doit être mis, pour les conservateurs de Jean Charest, sur des mesures préventives pour garantir la sécurité, réviser le système correctionnel actuel et celui de justice pénale. Il faudrait donc une modification de la *Loi sur les jeunes contrevenants* en abaissant l'âge auquel un jeune délinquant pourrait être poursuivi. Revoir la méthode de mise en application de l'imposition des sentences afin qu'elles redonnent crédibilité au processus de condamnation. Rétablir un système de libérations conditionnelles qui devraient faire plus appel à des programmes de réintégration et de travail communautaire.

Selon Jean Charest, il faudrait revoir le processus de nomination des juges afin de le rendre de plus en plus indépendant du pouvoir politique, de réviser le programme de contrôle des armes à feu afin de le rendre plus équitable pour les détenteurs d'armes respectueux de la loi — Il suggère de le remplacer par le progamme de contrôle des armes à feu institué par le gouvernement Mulroney —, ainsi que renforcer la lutte contre le trafic des stupéfiants.

Un programme qui manque de mordant !

Jean Charest et le Parti progressiste conservateur ont-ils, entre les mains, le programme d'avenir idéal pour assurer longue vie tant au parti qu'au chef ? Voilà bien la question que l'on doit se poser, au lendemain des élections de juin 1997. Après avoir passé en rétrospective les temps forts du programme politique établi depuis 1996, après la réplique au discours du trône du chef conservateur, le 24 septembre 1997, on peut dans un premier temps constater que pour les conservateurs sous la direction de Jean Charest, la ligne de conduite est claire : les conservateurs entendent suivre le programme élaboré lors du congrès de Winnipeg de façon scrupuleuse, même si comme a pu nous le dire Jean Charest, certaines des « idées du programme ne sont pas très populaires, aujourd'hui ; mais elles sont bonnes ».

Une des premières analyses que l'on peut faire du programme conservateur est que l'on est en présence d'une base de travail pour des spécialistes du monde politique. À l'inverse le *Livre rouge* des libéraux publié en 1993, et dont on se souvient encore contenait de grandes promesses électorales comme création d'emplois, suppression de la TPS, et annulation du programme d'achat des hélicoptères pour l'armée canadienne.

Le programme conservateur de 1997, demeure peu accessible et encore moins attrayant aux yeux du grand public. La raison principale en est que le *Rapport de la commission nationale politique* dont il est issu, est un document de travail technique, pas vraiment adapté pour être vulgarisé. Les premiers effets s'en sont d'ailleurs fait ressentir lors de la dernière campagne électorale, où le message ne semble ne pas avoir été perçu par une grande partie de l'électorat canadien.

Pourtant le document de Winnipeg paraît aborder l'ensemble des dossiers de l'heure. Mais les conservateurs de Jean Charest sont-ils vraiment allés assez loin dans leur projet de société, ou n'ont-ils pas été trop craintifs, en évitant déranger leur électorat de droite comme de gauche ? Si bien que les médias n'ont pas vu dans ce programme d'éléments vraiment innovateurs. Cette stratégie a fait qu'en étant ni trop à gauche ni trop à droite et en cherchant à plaire à un maximum d'électeurs, ce programme politique n'a pas su séduire l'électorat, si bien que le Parti progressiste conservateur risque de se retrouver dans un cul de sac. Certes, une année pour faire connaître un programme politique c'est relativement court, mais devoir vivre quatre ou cinq ans avec un tel programme risque de devenir gênant à la longue pour Jean Charest qui aura du mal à évoluer dans le cadre défini en 1996.

L'on peut donc craindre qu'au cours des prochaines années l'évolution de la situation politique canadienne mettra ce programme à dure épreuve. Ce que l'on peut craindre aussi c'est qu'avec un tel programme, Jean Charest finisse par se couper de son électorat.

Ainsi, lorsqu'il exprime sa position sur la question constitutionnelle au Québec, et qu'il écrit à Frank McKenna que : « L'heure n'est pas venue de procéder à des modifications constitutionnelles. Toute discussion sérieuse sur la modification de la Constitution ne peut avoir lieu tant que le Québec n'aura pas élu un gouvernement prêt et disposé à s'engager dans un tel processus », il se heurte à la sensibilité d'une grande partie de l'électorat québécois que ce type d'attitude choque. Les Québécois désirent, avant tout, que les partis fédéralistes (majoritairement anglophones) leur fassent des propositions constitutionnelles claires qui les satisfassent avant les prochaines campagnes électorales référendaires québécoise et fédérale. Jean Charest se doit d'agir rapidement s'il veut maintenir son actuelle popularité et aller chercher, à travers le Canada anglophone, un meilleur support chez d'anciens conservateurs devenus réformistes.

D'autres aspects du programme présentent le même genre de carences.

Par exemple, l'idée d'améliorer la formation des travailleurs canadiens à laquelle on ne peut qu'adhérer présente certaines lacunes. Doit-on continuer à forcer toute une génération de jeunes à poursuivre des études générales supérieures, comme on l'a fait jusqu'à présent, plutôt que de les orienter vers des formations de base plus scientifiques ou techniques? Le programme de Jean Charest n'envisage pas ce problème. Pour illustrer cette situation, dans le système hospitalier, doit-on à tout prix avoir des infirmières possédant toutes un niveau universitaire ou plus simplement un personnel soignant qualifié et efficace?

Des comparaisons peuvent être faites sur d'autres aspects du programme de Jean Charest, qu'il s'agisse de la relance de l'économie, la fortification du tissu social, la relance de l'emploi, la réforme de la fiscalité etc... Les solutions proposées sont toutes trop timides. Un peu à l'image de Jean Charest dont certains de ses militants disent qu'il « n'est pas assez agressif, il va être bon mais... Il faut qu'il change de méthode ».

Certes, les prochaines années donneront à Jean Charest et à ses militants l'occasion de retravailler de façon très active le programme définit en 1996 à Winnipeg par la *Commission politique nationale* et ainsi donner à ce programme le mordant qui manque à cette mouture.

Et comme le disait le professeur Gilles Paquet celui-ci lui permettra peut-être de trouver « les sentiers d'une réforme révolutionnaire ».

Conclusion

Jean Charest est pour le Parti progressiste conservateur, l'homme qui depuis décembre 1993 incarne la relance de cette formation politique. Sans aucun doute, son succès personnel en politique a été bénéfique pour son parti. Mais, il n'a pas encore atteint les sommets escomptés, et ses proches le reconnaissent aisément et affichent même une certaine déception.

La position du chef conservateur — même si les sondages le montrent comme l'homme politique favori des Canadiens — n'est pas des plus faciles. Si de toutes parts on reconnaît ses efforts de reconstruction du parti effectué depuis 1993, l'évaluation que les militants font de son action est loin d'être unanime. Nombreux sont ceux qui soutiennent son action, mais expriment des réserves quant à la compétence de certains de ses conseillers. Ce sentiment vient autant de proches que d'observateurs plus ou moins éloignés. Quant à la presse, elle n'affiche pas un courant de sympathie à son égard, surtout au Québec.

La volonté de Jean Charest de demeurer à la tête de cette organisation politique n'a d'autre explication qu'un engagement vieux de quatre générations envers ce parti. Si en 1994

Jean Charest avait opté pour un départ de la vie politique, tout aurait pu être plus facile pour lui autant financièrement que personnellement. Mais Jean Charest a décidé de redonner à ce parti son lustre d'antan, et aussi de profiter de l'occasion qui lui était ainsi offerte pour se tailler un chemin vers la plus haute fonction de l'État.

Mais pour garantir son avenir et celui du Parti progressiste conservateur, Jean Charest doit se créer entre 1997 et l'an 2000 une autre image tant à l'endroit de ses militants que de l'électorat canadien. Comme tous les politiciens, Jean Charest a ses qualités et ses défauts. Si on lui reconnaît le mérite d'avoir gagné la bataille pour la survie du parti au lendemain de l'élection de juin 1997, la guerre à mener pour l'avenir du parti est loin d'être terminée. Le Parti progressiste conservateur est toujours en sursis et cela ne peut durer indéfiniment. La date butoir est fixée au jour même de la prochaine élection fédérale canadienne. La date n'est fonction que du bon vouloir d'un homme politique fort aguerri aux questions de stratégie politique : Jean Chrétien.

Malgré ses qualités d'orateur et de *leader* naturel, de toutes parts on note chez Jean Charest un défaut capital qui pourrait bien lui faire perdre, au sein du parti, le mérite de son travail, s'il ne change pas de stratégie rapidement. Ce problème, comme nous l'avons déjà relevé à plusieurs reprises, est directement lié à ses relations avec les militants de la base. En effet, et contrairement à Brian Mulroney qui était très proche de ses troupes, Jean Charest pour de nombreux militants semble distant et ne donne pas l'impression d'être à l'écoute de leurs préoccupations quotidiennes. Si l'on se fie à de nombreux commentaires de militants, Charest leur apparaît comme un chef quelque peu distant alors qu'à première vue il semble un homme facile d'accès et convivial. Cependant, ce que Jean Charest reconnaît lui-même est que le type de contact qu'il privilégie avec sa base est fort différent de celui d'un Mulroney ou d'un Bourassa : « le

téléphone ce n'est vraiment pas moi»!... Une excuse sur-
prenante, puisque de façon unanime on considère que Jean
Charest est un excellent orateur qui sait faire passer les
messages. De plus, pour quelqu'un qui se dit proche des
jeunes et des technologies de pointe c'est un comble! Si
cela pouvait être acceptable chez un homme âgé comme De
Gaulle, Jean Charest n'a aucune excuse à ce sujet. Ques-
tionné, il ne semble pas avoir plus d'état d'âme qu'il ne le
faut, quand on lui mentionne la déception de ses militants
qui regrettent de ne pas pouvoir échanger avec lui, ce qui
est pour certains la «paye des militants sur le terrain». L'entourage de Jean Charest, certainement un peu trop surpro-
tecteur à son endroit dès qu'on semble vouloir le moindre-
ment l'égratigner, lui trouve toutes sortes de bonnes excuses,
pour expliquer telle ou telle situation. Concernant son rapport aux militants, on invoque le manque de temps, puisque
le parti, jusqu'aux élections du 2 juin 1997, n'avait pas le
personnel de soutien nécessaire.

Au lendemain de la campagne de 1997, les diverses réac-
tions des militants conservateurs oscillent entre le sentiment
de défaite, de déception, ou de victoire. L'issue de cette
campagne électorale de 1997 montre que si le *leadership*
de Jean Charest semble solide, il ne s'agit pas toutefois pas
d'une forteresse imprenable. Car si l'on reconnaît l'énergie
déployée pour arriver à reconstruire le Parti progressiste
conservateur jusqu'au niveau atteint aujourd'hui, et les
sièges reconquis au soir du 2 juin 1997, il n'a pas réalisé
aux yeux de certains le succès escompté de 40 à 50 députés.
Un courant anti-Charest, encore minoritaire, se fait ainsi
sentir de la part d'un nombre de militants dont le noyau
serait principalement situé dans la région de Québec. Noyau
qui serait en faveur d'un départ temporaire du chef, afin
de permettre à un candidat de l'Ouest d'accéder à la tête
du parti. Car Jean Charest pourrait beaucoup plus être la
victime, même au Québec, de cette présomption lancée par

Preston Manning qui veut que la population canadienne en ait assez de trente ans de pouvoir francophone à Ottawa. La rumeur est sourde et persistante. Nombreux sont ceux qui se questionnent. Pour le bien du parti et de Jean Charest, lui-même, un départ volontaire du chef serait-il salutaire pour l'avenir politique de l'homme et de la formation politique ? De nombreux militants ne cachent pas, sans jamais attaquer la personne de Jean Charest, qu'ils aimeraient qu'il s'éclipse pour quelque temps. On lui suggère, par exemple, un séjour à Québec... où il pourrait affronter Lucien Bouchard. Puis, après un ressourcement à la Bourassa ou même à la Chrétien, Jean Charest pourrait dans six ou sept ans se relancer à l'assaut du 24 Sussex avec de fortes chances de l'emporter...

Dans la période actuelle un *leader* d'origine anglophone et provenant des provinces de l'ouest canadien serait aux yeux de plusieurs à même de reprendre au Parti réformiste la place qu'il a conquis dans l'ouest du pays.

Même si ce sentiment reste très marginal à l'intérieur du mouvement, quelques mois après les élections de 1997, on ne voit guère qui pourrait lui succéder de façon profitable comme dirigeant du parti. Les politiciens de l'Ouest, bilingues et acceptables autant par le Canada anglais et français, s'ils ne sont pas légions seraient plutôt, des perles rares. Certains interlocuteurs mentionnent des noms aussi divers et surprenants que Ken Dryden, Leslie McKenzie ou Perrin Beatty. L'autre nom qui revient sur les lèvres à l'occasion est celui du Premier ministre albertin Ralf Klein. Mais on note aussi qu'il n'est pas bilingue. À ce sujet Percy Mockler, ne voit pas les avantages que le Parti progressiste conservateur pourrait retirer du départ de Jean Charest, mais spontanément il mentionne le nom de Ralf Klein comme un éventuel successeur.

La question demeure et restera pendant jusqu'à la prochaine assemblée générale du parti.

Parlant de son avenir politique et de son *leadership*, Jean Charest ne réfute pas que certains éléments de son parti en discute. Mais à la fin de l'été, il était loin de donner le fond de sa pensée sur le sujet :

> « Oui, [j'y pense] une fois par jour depuis quatre ans. Un homme ou une femme politique se pose souvent cette question. Ce sont ceux qui ne se la posent pas qui ont les plus gros problèmes. Il faut pouvoir se poser ces questions-là, mais je ne suis pas arrivé à la conclusion que c'était ce qui était souhaitable et je suis toujours déterminé à rester ! [...] Ce qu'il faut en politique, c'est d'avoir la sagesse de savoir décider quand il est le temps de partir. Et comme on le sait, il est toujours plus difficile de sortir que d'entrer en politique ! »

Cette question a trouvé une réponse encore plus claire à la mi-septembre quand Jean Charest a fait savoir à son entourage, après trois mois de réflexions, qu'il entendait bien demeurer à la tête de son parti pour la période conduisant aux prochaines élections fédérales. Après une période de réflexion nécessaire qui suit toute campagne électorale, Jean Charest à la veille de la rentrée parlementaire à Ottawa, a donc décidé de rester à la tête du parti et de continuer l'action de reconstruction entreprise depuis 1994 en jouant maintenant la carte qu'offre désormais les travaux parlementaires pour un parti désormais revenu au devant de la scène politique fédérale, avec un caucus de plus de vingt députés. La situation est donc clarifiée aujourd'hui. Car Jean Charest semble avoir bien mesuré qu'un éventuel départ pour un meilleur retour comportait des risques, même si les circonstances ont permis à Robert Bourassa un retour en force à la fin des années soixante-dix ou à un Jean Chrétien en 1993.

Quant à l'autre rumeur concernant un hypothétique départ de Jean Charest vers la scène politique québécoise ou d'autres horizons, elle n'est alimentée que par la machine à potins parlementaires, qu'une certaine presse aime entretenir. Car si l'on est un conservateur convaincu, comme dit l'être Jean Charest, ce serait trahir ses convictions que de passer des bleus fédéraux aux rouges québécois même pour la cause du fédéralisme ! Et penser à une telle hypothèse pour Jean Charest est mal le comprendre politiquement. Si d'aventure Jean Charest devait faire un tel saut, celui-ci ne serait possible que dans le cas où il créerait sa propre formation politique. Mais cette solution n'est tout simplement pas envisageable dans le cadre de la prochaine échéance électorale.

Comment maintenant, Jean Charest affirmera-t-il son *leadership* alors que son caucus s'est montré divisé dès la rentrée parlementaire de septembre 1997, à l'occasion de votes en Chambre ? Jean Charest a donné une première réponse, en sachant utiliser agressivement la carte que lui offre désormais les travaux parlementaires, par la révélation devant le parlement, en octobre 1997, de l'affaire Corbeil (accusation de traffic d'influence portée par la GRC contre un organisateur libéral).

Homme politique le plus apprécié des Canadiens, Jean Charest se doit de faire sa marque au sein même de son caucus, pour ne pas dire de son parti.

Sur cette question, Brian Mulroney a une réponse claire : « Jean Charest sera le prochain Premier ministre du Canada [...] il est là pour rester, il est jeune, il est dynamique, il a un beau programme, il a une vingtaine de députés au parlement, une cinquantaine de sénateurs, c'est un gagnant. »

Jean Charest a donc repris un parti en ruine, et a su en moins de quatre ans lui donner une nouvelle orientation. En consacrant une grande part de son programme à l'avenir des jeunes générations, il semble vouloir ainsi tourner une page de l'histoire de ce vieux parti où les jeunes et leurs préocupations deviendraient un axe fondamental de cette formation.

Avec l'arrivée des nouvelles technologies de l'information qui sont venues bouleverser des traditions établies depuis toujours, ou presque, le savoir n'appartient plus de fait aux têtes grisonnantes. Et cela Charest a déjà su le mettre à profit, depuis son accession à l'âge de 28 ans aux rangs de ministre, qui lui a permis de démontrer que l'on pouvait faire confiance aux jeunes.

Mais depuis toujours, ce thème fait recette à tous les coups pour les partis politiques, qu'ils soient de la droite ou de la gauche et surtout extrêmistes. L'orientation «jeunesse» retenue par Jean Charest n'a donc rien de bien original, mais elle a le mérite de fonctionner, puisque personne ne semble réaliser que le chef vieillit comme tout le monde!.. Jean Charest n'est pas non plus le premier politicien à avoir compris la génération X qui a suivi celle des *baby-boomers*. Mais il faudrait aujourd'hui qu'il renouvelle ce modèle qui lui aussi vieillit.

Et si un jour il parvient à son but ultime, devenir Premier ministre, il ne sera dans le meilleur des cas plus très loin du milieu de la quarantaine, ce qui n'est plus très jeune pour un politicien nord-américain. Alors Jean Charest deviendra un politicien comme les autres. Il lui faudra donc acquérir quelque chose de plus : une certaine culture politique que l'on pourrait encore qualifier, chez lui, de limitée aujourd'hui.

Mais comme une hirondelle ne fait pas le printemps, l'intérêt pour la jeunesse ne fait pas un programme politique complet, loin s'en faut... C'est à ce sujet d'ailleurs que l'on peut considérer que le programme mis en place depuis 1996 n'est pas des plus accrocheurs pour la population canadienne dans son ensemble, et cela Jean Charest nous le concède spontanément. Que l'on reprenne chacun des autres principaux thèmes politiques contenus dans son programme de 1996, on sent le manque de précision et le manque d'explications sur comment il parviendra à certains des objectifs envisagés.

Qu'il s'agisse de la question constitutionnelle, de la réforme des politiques commerciales intérieures canadiennes, du tissu social (santé, régime de pensions du Canada, de l'emploi), de l'économie canadienne, de fiscalité, du rôle du Canada dans le monde, de l'aide à l'étranger, de la sécurité publique et protection des citoyens ou de l'armée, on ne sent vraiment pas que le Parti progressiste conservateur soit devenu un parti nouveau avec un avec un programme vraiment innovateur. En cela le test des élections fédérales de 1997 fut significatif. Ce programme n'a pas retenu l'attention des Canadiens outre mesure, et l'on peut même affirmer que, sans la personnalité de Jean Charest il n'aurait pas retenu l'attention des électeurs.

Bon nombre de conservateurs pensent déja en fonction de la prochaine campagne, alors qu'ils auront eu le temps de bien huiler leur machine électorale. Plus d'un conservateurs, après la remonté effectuée depuis 1993 considèrent que d'ici quatre ans le parti retrouvera le chemin de la victoire. Et comme nous l'exprimait l'ex-Premier ministre Mulroney citant une phrase que l'ancien Premier ministre britannique Harold MacMillan lui avait dite : *The circonstances young man, will decided the futur!...*

Ces circonstances, Jean Charest qui est bien décidé à rester à la direction du parti, devra donc les créer de toutes pièces en occupant les devants de la scène politique canadienne. Il devra montrer à chaque occasion une vision plus précise des politiques conservatrices et le faire d'une façon plus audacieuse. Il devra très rapidement se donner une ligne de conduite qui répondent aux aspirations d'un électorat jeune qui ne croit plus aux promesses politiques faites à la veille d'élections.

Il faut donc que les conservateurs de Jean Charest créent un climat de confiance pour gagner à leurs idéaux pour le

XXIᵉ siècle la population canadienne. L'objectif visant à attirer un plus grand spectre de l'électorat ne sera atteint qu'en présentant des solutions et des engagements concrets. Ce qui mine la crédibilité du programme conservateur de 1996, tel que défini jusqu'à présent, est qu'il ne semble pas avoir été écrit pour être mis en application, mais beaucoup plus pour se donner une raison d'être. Cela était nécessaire dans l'état de délabrement où était le parti en 1993. Après les résultats du 2 juin, il faudra quelque chose de plus solide et qui tienne le devant de la scène politique jusqu'au lendemain de la prochaine campagne électorale fédérale, car le thème « et que l'avenir commence » ne semble pas avoir résisté à la campagne de 1997.

Jean Charest et ses militants sauront-ils définir ces options avant qu'il ne soit trop tard ? C'est à ce niveau que le défi de Jean Charest réside pour garantir l'avenir de cette formation politique après l'an 2000.

Jean Charest a toujours su relever les défis qui se présentaient à lui depuis 1984, celui-ci serait-il insurmontable ? C'est maintenant que pour Jean Charest, l'avenir commence...

Chronologie

— 24 juin 1958
Naissance de John James Charest à Sherbrooke, 3e enfant de Claude «Red» Charest et de Rita Leonard, d'une famille de 5 enfants : 2 garçons 3 filles.

— 1963-1981
Études primaires au Collège Jésus-Marie, secondaires à Montcalm, collégiales au séminaire de Sherbrooke, Études universitaires en droit à l'Université de Sherbrooke, reçu au Barreau du Québec.

— 20 juin 1980
Mariage à Michèle Dionne

— 4 avril 1983
Naissance du premier enfant, Amélie.

— 14 mai 1984
Remporte la convention de mise en nomination du Parti progressiste conservateur pour le comté de Sherbrooke

— 4 septembre 1984
Remporte le siège de Sherbrooke, à l'occasion de la 33e élection générale canadienne. Vice-président adjoint de la Chambre des communes.

— 30 Juin 1986
Nomination au sein du cabinet Mulroney en temps que ministre d'État à la Jeunesse.

— Mars 1988
Ministre d'État à la Jeunesse, à la Condition physique et au Sport amateur.

— 20 mars 1988
Naissance du second enfant, Antoine.

— 21 novembre 1988
Remporte pour un second mandat le siège de Sherbrooke à l'occasion de la 34e élection générale canadienne.

— 14 novembre 1989
Naissance du troisième enfant, Alexandra.

— 24 janvier 1990
Démission de son poste ministériel pour avoir parlé à un juge.

— 27 mars 1990
Création d'un comité spécial de la Chambre des Communes pour examiner le projet d'accompagnement à l'Accord du Lac Meech.

— 21 mai 1990
Dépôt du rapport Charest.

— Avril 1991
Nomination au poste de ministre de l'Environnement

— 24 février 1993
Annonce du retrait de la vie politique de B. Mulroney.

— 16 mars 1993
Jean Charest annonce qu'il briguera le poste de *leader* du Parti progressiste conservateur.

— du 9 au 13 juin 1993
Congrès à la chefferie du Parti progressiste conservateur à Ottawa pour nommer un successeur à Brian Mulroney.

— 13 juin 1993
Jean Charest est battu au second tour de scrutin par Kim Campbell. Le vote est de 1817 à 1630.

— 25 Juin 1993
Vice-Premier ministre du gouvernement Campbell et ministre de l'Industrie et des Sciences. Ministre responsable du bureau fédéral du Développement régional.

— 25 octobre 1993
Conserve pour un troisième mandat consécutif son siège de Sherbrooke à l'occasion de la 35e élection générale canadienne faisant face à la vague libérale qui n'a laissé aux conservateurs que deux sièges.

— 14 décembre 1993
Jean Charest devient le chef intérimaire du Parti progressiste conservateur.

— 29 avril 1995
Jean Charest devient le chef du Parti progressiste conservateur.

— 2 juin 1997
Conserve pour un quatrième mandat son siège de Sherbrooke à l'occasion de la 36e élection générale canadienne. À la tête de son parti, il remporte 20 sièges aux élections générales.

Table des matières

Cet ouvrage publié par
Balzac - Le Griot éditeur
a été achevé d'imprimer
le 11e jour de novembre
de l'an mil neuf cent quatre-vingt-dix-sept
sur les presses de
Veilleux impression à demande
à Boucherville (Québéc)